Bildung und Unterricht

Philippe Wampfler
Digitales Schreiben

Blogs & Co. im Unterricht

Reclam

Sollte diese Publikation Links auf Webseiten Dritter enthalten, so übernehmen wir für deren Inhalte keine Haftung, da wir uns diese nicht zu eigen machen, sondern lediglich auf deren Stand zum Zeitpunkt der Erstveröffentlichung verweisen.

RECLAMS UNIVERSAL-BIBLIOTHEK Nr. 14029
2020 Philipp Reclam jun. Verlag GmbH,
Siemensstraße 32, 71254 Ditzingen
Gestaltung: Cornelia Feyll, Friedrich Forssman
Druck und Bindung: Kösel GmbH & Co. KG,
Am Buchweg 1, 87452 Altusried-Krugzell
Printed in Germany 2020
RECLAM, UNIVERSAL-BIBLIOTHEK und
RECLAMS UNIVERSAL-BIBLIOTHEK sind eingetragene Marken
der Philipp Reclam jun. GmbH & Co. KG, Stuttgart
ISBN 978-3-15-014029-1

Auch als E-Book erhältlich

www.reclam.de

Inhalt

Einleitung

In einem längeren Essay hat die Schweizer Autorin Meral Kureyshi erklärt, wie sie schreibt. Darin findet man ein Zitat, das auf den ersten Blick nichts mit digitalen Formen des Schreibens zu tun hat, aber viel darüber sagt, wie Schreibprozesse im 21. Jahrhundert ablaufen:

> Es ist schön, eine Geschichte zu erzählen, plötzlich wird sie wahr. Allein dadurch, dass sie jemand liest, und eine weitere Person vielleicht, und darüber spricht, sie weiterdenkt und etwas mitnimmt, sich erkennt darin – oder auch nur ein Gefühl wiederfindet, etwas, was sie berührt.[1]

Kureyshi beschreibt einen Schreibprozess, der nicht spezifisch digital ist.[2] Ihre Perspektive auf das eigene Schreiben lässt sich aber auf digitale Schreibverfahren übertragen: Was etwas Geschriebenes bedeuten mag, erfahren Menschen erst, wenn andere es lesen.[3] Einfacher als im Internet war es nie, Texte zu veröffentlichen und Reaktionen wahrnehmen zu können. Auf

---

1 Meral Kureyshi (2018): »Der Fernseher hat keine Fragen gestellt, deshalb habe ich geschwiegen. Jetzt schaue ich aus dem Fenster«. In: *Die Wochenzeitung* 51 (2018). Online: *www.woz.ch/1851/carte-blanche/der-fernseher-hat-keine-fragen-gestellt-deshalb-habe-ich-geschwiegen-jetzt-schaue* (Stand: 30. 6. 2019).

2 Auch wenn die Autorin unter *instagram.com/meralkureyshi* durchaus auch eine Online-Präsenz unterhält.

3 Felix Stalder (2019) beschreibt diesen Effekt wie folgt: »Man braucht die anderen, damit die eigene Singularität überhaupt als sinnvoll gelesen werden kann. [...] Jedes ›like‹ kommuniziert einerseits ›Ich teile deine Werte!‹ und andererseits ›Ich schätze das Neue, das du mir sichtbar machst!‹ – und sei es nur das Katzenbild von gestern Abend« (F. S., »Herausforderungen der Digitalität jenseits der Technologie«,

digitalen Plattformen wird über die Praktiken der Likes, über Kommentare und andere Reaktionen sichtbar, wer einen Text wahrgenommen und wer darauf reagiert hat. Diese Mess- und Sichtbarkeit der Rezeption beeinflusst Schreibsettings. Möglicherweise führt also digitales Schreiben zu etwas, was Kureyshi als Umschlag in die Wahrheit wertet. Zumindest findet es in anderen – genauso realen – Kontexten statt, als wenn nur ein Blatt Papier beschrieben würde, das dann lediglich eine Lehrerin oder ein Lehrer liest und beurteilt.

Das vorliegende Buch basiert auf einem kulturpragmatischen Ansatz. Dirk von Gehlen versteht darunter die Haltung, Praktiken zuerst zu verstehen und erst dann zu bewerten.[4] Die Empfehlung an alle Neugierigen, aber auch an Kritiker und Skeptiker der Digitalisierung des Lernens lautet: erst ausprobieren, dann beurteilen. Das Prinzip der experimentellen Medienkompetenz setzt Medienpraxis vor Reflexion und Wissenserwerb über das Funktionieren von Medien. Wer Schreiberfahrungen macht, kann darüber nachdenken, was sie für einen selbst bedeuten – wie das Kureyshi tut. Und wer erfährt, wie digitale Schreibprozesse funktionieren und Resonanz erzeugen, kann sich gezielt über ihre Funktions- und Wirkungsweise informieren.

Dieses Buch soll Mut machen, mit digitalen Hilfsmitteln zu schreiben und darüber nachzudenken, was dabei passiert. Es richtet sich insbesondere an Lehrkräfte und zeigt Wege, mit Schülerinnen und Schülern im Netz zu schreiben und sie dabei

---

www.synergie.uni-hamburg.de/de/media/ausgabe05/synergie05-beitrag01-stalder.pdf, S. 13, Stand: 15. 10. 2019).

4 Vgl. Dirk von Gehlen (2018): *Das Pragmatismus-Prinzip. 10 Gründe für einen gelassenen Umgang mit dem Neuen.* München: Piper Verlag.

zu begleiten, wie sie experimentelle Medienkompetenz aufbauen.

Zunächst werden Grundlagen des digitalen Schreibens vorgestellt. Es folgt eine Übersicht über schreibdidaktische Aspekte digitaler Schreibverfahren. Davon ausgehend werden didaktische, technische und rechtliche Bedingungen formuliert, unter denen im Unterricht digitales Schreiben funktioniert. Innerhalb dieser Voraussetzungen sind Typologien digitaler Schreibumgebungen angesiedelt: Schreibverfahren in Blogs, in Messenger-Programmen, in Wikis und anderen Settings werden hier vor- und mit didaktischen Hinweisen so dargestellt, dass eine einfache Umsetzung im Unterricht möglich ist.

Zu den rechtlichen Rahmenbedingungen der Nutzung von Online-Tools und -Datenbanken finden sich einige Anmerkungen im Band (S. 63 ff.). Grundsätzlich gilt aber: Wer das jeweilige Programm im Rahmen des Unterrichts einsetzt, muss selbst prüfen, ob es rechtlich zulässig ist. Es ist immer empfehlenswert, die Datenschutzerklärungen der Anbieter sorgfältig zu lesen. Stets müssen Urheberrechtsfragen und Persönlichkeitsrechte beachtet werden.

Den Transfer vom Buch in ihren Unterricht müssen Lehrerinnen und Lehrer leisten. Fertig geplante Stundenkonzepte können nicht präsentiert werden. Nur wer die spezifischen Klassen, Lehrpläne und die technischen Möglichkeiten einer Schule kennt, kann Unterricht wirksam planen. Dieses Buch soll dazu inspirieren.[5]

---

5 Viele der Ideen für dieses Buch habe ich in On- und Offline-Gesprächen von Menschen aus meinem persönlichen Lernnetzwerk erhalten, denen ich hier gerne danken würde. Ein besonderer Dank geht an Martina Wernli.

Grundlagen

Digitales Schreiben

»Fast alles, was wir heute schreiben, ist digital, und fast alles, was wir heute lesen, entstand in einer digitalen Arbeitsumgebung«, schreiben Christa Dürscheid und Karina Frick in der Einleitung zu *Schreiben digital*.[6] Im vorliegenden Kontext bezieht sich »digitales Schreiben« entsprechend auf schulische Schreibanlässe unter Einbezug digitaler Endgeräte, digitaler Software und digitaler Plattformen im Netz.[7]

Ein Einwand muss aber angesprochen werden: die Kritik an der Verwendung des Adjektivs »digital«.[8] Sie impliziert einen Gegensatz zwischen »analogem« und »digitalem« Schreiben, den es so nicht gibt. »Digital« bezieht sich etymologisch auf unsere Finger und bezeichnet so eine Perspektive auf die Realität, in der klar Abgegrenztes kombiniert wird, als würde ein Kind mit den Fingern zählen.[9] Die einfachsten Computerbau-

---

6 Christa Dürscheid / Karina Frick (2016): *Schreiben digital – Wie das Internet unsere Alltagskommunikation verändert.* Stuttgart: Kröner, S. 7 f.

7 »Die Rede vom Netz macht deutlich, dass soziale Fragen diskutiert werden, keine technischen.« Für eine ausführlichere Erklärung vgl. Philippe Wampfler (2019): *Macht im Netz.* Stuttgart: Reclam, S. 17 ff.

8 Vgl. exemplarisch Michael Kerres (2018): »Bildung in einer digitalen Welt: Wir haben die Wahl«. In: *denk-doch-mal-de. Online-Magazin für Arbeit – Bildung – Gesellschaft* 2 (2018). Online: *learninglab.uni due. de/sites/default/files/Kerres_denk-doch-mal.pdf* (Stand: 15.10.2019).

9 *Digitus* bedeutet im Lateinischen ›Finger‹. Für eine ausführliche Diskussion der Begriffe vgl. Kathrin Passig / Aleks Scholz (2015): »Schlamm und Brei und Bits. Warum es die Digitalisierung nicht gibt«. In: *Merkur* 69 (2015), S. 75–81, hier S. 80.

teile können entweder Strom leiten oder keinen Strom leiten. So können sie die Zahlen 0 und 1 abbilden – sie funktionieren digital. Analog hingegen ist eine graduelle Abstufung, wie wir sie etwa bei der Lautstärke unserer Stimme finden.

Schreiben ist eine Kulturtechnik, die weder rein digital noch rein analog funktioniert, sondern beide Funktionsweisen verschränkt: Das lateinische Alphabet etwa ist ein digitales System, es wird aber analog geschrieben: Es gibt zwischen Buchstaben keine Übergänge, beim Schreiben wählen wir jeden Buchstaben eindeutig aus – das ist ein digitales Verfahren. Wenn wir die Buchstaben aber schreiben, dann drücken wir unterschiedlich stark auf die Tasten unserer Tastaturen und führen unsere Schreibinstrumente immer wieder leicht anders. Die Schrift entsteht deshalb in einem analogen Prozess. Auch die psychologischen Prozesse, die mit der Kulturtechnik Schreiben verbunden sind, sind meist analoge. Schreiben erfolgt als Mischung von analogem und digitalem Verfahren.

In genauerer Begrifflichkeit muss man also von Schreibprozessen unter den Bedingungen von elektronischen Endgeräten, Textverarbeitungssoftware und Netzkommunikation sprechen. Dadurch können zwei falsche Vorstellungen vermieden werden: Erstens wird »digital« oft mit »virtuell« in Verbindung gebracht. Es gibt aber keinen kategorischen Gegensatz zwischen einer virtuell-digitalen Sphäre und einer realen analogen. Menschen verbinden in ihrem Denken und ihrer Wahrnehmung immer virtuelle Konzepte mit physisch präsenten Gegenständen: Benennt ein Kind einen Stuhl als »Stuhl«, so ordnet es einen realen Gegenstand in eine virtuelle Kategorie ein. Die als »digitaler Dualismus« bekannte Trennung von Analogem und Digitalem ist verbreitet, aber nicht zutreffend, weil sie ausblendet, wie viele Verbindungen es zwischen den Bereichen gibt. Zweitens ist digitales Schreiben nicht eine Sonderform eines eigentlichen Schreibens, von dem es durch den Zusatz eines Adjektivs abgegrenzt werden muss. Es bezeichnet lediglich eine Kombination von Schreibwerkzeugen und Schreibumgebungen, die auch in der Schule an Bedeutung gewinnt.

Der Titel dieses Bandes ist also keine präzise Formulierung, sondern eine pragmatische Verkürzung. Für das Festhalten am Ausdruck gibt es zwei Gründe: Es ist sinnvoll und gebräuchlich, »digital« als Synonym für »unter den Bedingungen einer Kultur der Digitalität« zu verwenden, zumindest in Formulierungen wie »digitales Schreiben« oder »digitale Bildung«. Das ist auch Ausdruck der Hoffnung, problematische Gegenüberstellungen würden bald an Bedeutung verlieren. Zudem ist digitales Schreiben als Prozessbeschreibung mittlerweile in der Sprachwissenschaft wie auch in der Fachdidaktik[10] als Begriff etabliert.

Ebenen des digitalen Schreibens

Digitales Schreiben umfasst eine große Spannbreite. Es kann beispielsweise auf Social-Media-Plattformen stattfinden und dient dort der Interaktion von digitalen Profilen. Das ist eine prototypische Art des digitalen Schreibens. Daneben kann aber eine grundlegendere und noch stärker verbreitete Art des digitalen Schreibens betrachtet werden, nämlich das Schreiben mit digitaler Software, also Textverarbeitungsprogrammen. Dieses Buch ist beispielsweise in *Scrivener* entstanden, einem Programm für Autorinnen und Autoren. Das Manuskript war zunächst weder auf Social-Media-Plattformen publiziert noch war es im Netz öffentlich einsehbar.

10 Vgl. etwa die *Praxis-Deutsch*-Ausgabe *Digitales Schreiben* (Nr. 5, 2019).

Es wäre nun naheliegend anzunehmen, dass digitales Schreiben primär von veränderten Werkzeugen bestimmt ist: Eine Schreibmaschine wurde durch ein Computerprogramm ersetzt. Doch die Transformation ist einschneidender. Um das zu verstehen, hilft Felix Stalders Konzept der »Kultur der Digitalität«.[11] Er identifiziert drei wesentliche Merkmale der »Digitalität«: Referentialität, Gemeinschaftlichkeit und Algorithmizität.

Hinsichtlich des Textes dieses Buchs bedeutet Referentialität, dass er sich auf Vorarbeiten bezieht. Er verweist auf Texte im Netz (im E-Book sind sie verlinkt), er enthält digital kopierte Zitate und Bilder (die im E-Book als Dateien eingebettet sind).

Gemeinschaftlichkeit bedeutet, dass mehrere Personen in Online-Editoren das digitale Manuskript redigiert und korrigiert, Passagen darin gestrichen oder kommentiert haben. Auch wenn der Text unter einem Namen erscheint, ist er insgesamt betrachtet das Werk einer Gruppe von Personen.

Gleichzeitig wurden im Schreibprozess Algorithmen oder Programmskripte herangezogen, etwa wenn es darum ging, Wörter zu suchen oder zu ersetzen, orthografische Fehler sichtbar zu machen und zu korrigieren, Wörter und Zeichen zu zählen, Texte miteinander zu verlinken, Anmerkungen einzufügen und so weiter.

Auf einer noch elementareren Ebene waren digitale Endgeräte die Schreibwerkzeuge: Tastaturen und Touchscreens. Das ist nicht belanglos: Einen Text von Hand zu schreiben unterscheidet sich in der kognitiven Aktivität vom Tippen auf einer Tastatur oder einem Touchscreen. Wo liegt der Unterschied? Entscheidend ist die Geschwindigkeit. Kinder, die auf einer

11 Felix Stalder (2016): *Kultur der Digitalität*. Frankfurt a. M.: Suhrkamp.

Tastatur schneller schreiben können, schreiben auch genauere, strukturiertere und längere Texte als Kinder, die langsamer schreiben.[12] Die Qualität eines Textes korreliert mit der Geschwindigkeit, bei der im Schreibprozess Gedanken in Wörter übersetzt werden. Hier bieten digitale Schreibverfahren einen Vorteil, weil sie höhere Geschwindigkeiten zulassen – ein Aspekt, warum Kinder möglichst früh möglichst schnell tippen lernen sollten.

Geht es aber darum, sich Notizen zu machen – etwa bei einem Gespräch, in einer Vorlesung oder als Reaktion auf einen Text – dann gelingt das laut empirischen Studien von Hand besser. Das langsamere Verfahren führt hier zu einer Verdichtung, die eine tiefere und präzisere Verarbeitung erlaubt. Wer bei solchen Schreibanlässen tippt, gibt schnell der Versuchung nach, so viel wie möglich wörtlich mitzuschreiben. Dabei entsteht aber nur ein oberflächliches Verständnis des Inhalts. Clive Thompson hat dazu eine Art Merksatz formuliert: »Tipp so schnell du kannst – und bring immer einen Bleistift mit.«[13]

Wir können also drei Ebenen von digitalem Schreiben unterscheiden:

- **Schreiben im Netz**, auf digitalen Plattformen oder Webseiten, beispielsweise als Blog
- Schreiben mit **Schreibsoftware** unter den Bedingungen einer Kultur der Digitalität
- Schreiben mit **digitalen Endgeräten**

---

12 Vgl. dafür und für die folgenden Aussagen Clive Thompson (2014): »The Joy of Typing. How racing along at 60 words per minute can unlock your mind«, *medium.com/message/the-joy-of-typing-fd8d 091ab8e* (Stand: 14. 9. 2019).

13 Ebd., übers. von Ph. W.

Die Reihenfolge spiegelt die Bedeutung der Schreibarten für diesen Band: Besondere und ganz neue Potenziale bieten Schreibprozesse, wenn sie auf interaktiven Netzplattformen stattfinden – Software und Schreibgeräte für sich führen zu einer weniger starken Veränderung. Der Schwerpunkt dieses Bandes liegt daher bei der Frage: Welche didaktischen Möglichkeiten eröffnen Texte, die im Netz erscheinen?

Funktionen digitaler Schreibprozesse

Wer schreibt, verfolgt damit Zwecke. Im Folgenden werden die Funktionen von Schreibprozessen im Allgemeinen vorgestellt. Daraus lassen sich Einsichten über Schreibprozesse in einer Kultur der Digitalität ableiten.

Jakob Ossner[14] unterscheidet drei Schreibfunktionen, die sich auch auf digitale Schreibprozesse übertragen lassen:

1. Die psychische Funktion: Die Person, die schreibt, ist auch Adressat des Geschriebenen. Deshalb werden häufig eigene Emotionen und Gedanken beschrieben. Der Schreibprozess schafft eine Distanz: Implizit Gefühltes oder Gedachtes wird bewusst und sichtbar. Die psychische Funktion spielt auch auf einer Metaebene, immer dann, wenn der Schreibprozess thematisch wird (wenn Schreibende etwa mit einer Schreibblockade ringen). Digitales Beispiel: Auf der Notiz-App des Smartphones auf dem Weg zur Schule festhalten, worauf man sich an diesem Tag freut oder wovor man Angst hat.

---

14 Vgl. Jakob Ossner (1995): »Prozessorientierte Schreibdidaktik in Lehrplänen«. In: Jürgen Baurmann / Rüdiger Weingarten (Hrsg.): *Schreiben. Prozesse, Prozeduren und Produkte*. Opladen: Westdeutscher Verlag, S. 29–50.

2. Die soziale Funktion: Mit dem Geschriebenen richtet sich ein Autor oder eine Autorin an eine andere Person (oder mehrere Personen). Der Text übernimmt so eine im klassischen Sinn kommunikative Funktion. Dabei können unterschiedliche Absichten wie auch Wirkungen unterschieden werden. Digitales Beispiel: Eine Schülerorganisation informiert mit ihrem Instagram-Kanal Schülerinnen und Schüler über geplante Aktivitäten.

3. Die kognitive Funktion: Das Schreiben dient dem Erkenntnisgewinn oder der Entlastung des Gedächtnisses. Klassische Formen reichen von Notizen über Brainstorming bis hin zu wissenschaftlichen Arbeiten. Letztere haben meist stärker eine kognitive Funktion als eine soziale. Digitales Beispiel: Auf einem Blog ein Thema längerfristig gezielt bearbeiten, indem Erkenntnisse dazu notiert, Verweise auf wichtige Texte zum Thema vorgenommen und Verknüpfungen zwischen diesen Texten und wichtigen Profilen hergestellt werden.

Diese Funktionen können – anders als die im Kapitel zuvor beschriebenen Ebenen – in diesem Buch nicht getrennt werden, weil viele Schreibaufgaben alle drei Funktionen des Schreibens verbinden. Durch sie entstehen Angebote, die erst in der konkreten Umsetzung einer Funktion zugeordnet werden können. Ein Blog als Schreibmodus oder Textsorte gibt nicht vor, ob er benutzt wird, um ein privates Tagebuch zu führen (psychische Funktion), um Eltern über den Verlauf einer Studienreise zu informieren (soziale Funktion) oder um ein Lektüretagebuch zu führen (kognitive Funktion).

Die Schreibfunktionen werden durch die Verwendung digitaler Schreibgeräte, von Schreibsoftware und die Publikation im Netz modifiziert. Diese Veränderung darf aber nicht monokausal oder generell unterkomplex gedacht werden: Das Vorurteil, Netzkommunikation mache Menschen narzisstisch, ist ein gutes Beispiel für eine eindimensionale Vorstellung der

Wirkungen eines Mediums. Menschen unterscheiden sich in Bezug auf Narzissmus, schon bevor sie im Netz kommunizieren. Narzissmus kann Teil eines Motivs sein, digitale Plattformen zu benutzen. Die Nutzung wirkt aber wiederum in unterschiedlichen Weisen auf Menschen zurück. Social Media sind für stark narzisstisch veranlagte Personen etwa kein lohnendes Umfeld, sie erhalten relativ wenig Bestätigung – wohl weil ihr Narzissmus deutlich erkennbar ist.[15] Netzkommunikation kann also den Narzissmus bei Menschen mit mittlerer Tendenz verstärken, nicht jedoch bei starkem Narzissmus. Dieses Beispiel zeigt die Komplexität dieser Wirkungen.

Auf Schreibprozesse des digitalen Schreibens übertragen heißt das, dass die psychische, die soziale und die kognitive Funktion des Schreibens auch modifiziert werden. Wie im Beispiel Thompsons in Bezug auf das Tippen (s. S. 15) können auch hier Erkenntnisse nur situationsspezifisch und differenziert formuliert werden. Das wird im Kapitel »Schreibdidaktische Aspekte für digitales Schreiben« (S. 24–44) genauer dargestellt.

Experimentelle Medienkompetenz

Kontrollierende Medienkompetenz geht davon aus, dass zuerst Medienwissen aufgebaut werden muss. Dieses Wissen ist die Grundlage für eine spätere Anwendung. Über das Wissen wird die Anwendung kontrolliert. Dieses Buch empfiehlt *experimentelle Medienkompetenz*. Sie kann wie folgt definiert werden: Mit Medien in realen Kontexten handeln, dabei interaktiv Erfahrungen sammeln und diese so reflektieren, dass Können entsteht.

15 Vgl. Mina Choi [u. a.] (2015): »When social media isn't social: Friends' responsiveness to narcissists on Facebook«. In: *Personality and Individual Differences* 77 (2015), S. 209–214.

Heike Flemming @heikeflemming · Jul 9, 2019

Ich bräuchte mal Hilfe beim Denken. Wie wichtig ist euch eine gute Schule für euer Kind? Und was bedeutet für euch gut?

💬 111   ⟲ 7   ♡ 102   ⬆

Heike Flemming @heikeflemming · Jul 9, 2019

Bitte auch: Was würdet ihr dafür in Kauf nehmen? Umzug, Anfahrt (das Kind) , Verzicht auf anderes...

💬 18   ⟲ 1   ♡ 16   ⬆

Heike Flemming
@heikeflemming

Ergänze um Anschlussfrage:
Wie sehr seid ihr in eurer Beantwortung der Frage von der eigenen Schullaufbahn beeinflusst?

Translate Tweet

7:43 AM · Jul 9, 2019 · Twitter for iPhone

Abb. 1: Tweets von Userin @heikeflemming, 9. Juli 2019. –
Mit Genehmigung der Autorin

Ein Einstieg ist schnell gefunden: Welche Frage beschäftigt Sie im Moment, so dass Sie an einer Antwort interessiert sind, die Sie nicht durch Nachschlagen in wenigen Minuten ermitteln können? Schreiben Sie Ihre Frage auf und veröffentlichen Sie sie an einem geeigneten Ort im Netz. Dies könnte zum Beispiel das Intranet Ihrer Schule, eine Chat-Gruppe, ein Twitter-Profil, eine Facebook-Gruppe oder ein Instagram-Account sein. Achten Sie darauf, dass Ihre Frage prägnant formuliert ist und zugleich klar wird, welche Art von Antwort für Sie hilfreich ist und welche nicht.

Abb. 1 zeigt ein Beispiel für eine solche Frage: Eine Mutter und Lehrerin hat im Juli 2019 auf Twitter danach gefragt, wel-

Experimentelle Medienkompetenz   19

che Erwartungen andere Eltern an eine gute Schule haben und welchen Aufwand sie betreiben würden, damit ihre Kinder eine gute Schule besuchen könnten. Die Publikation der Frage im Netz erlaubt der Twitter-Userin @heikeflemming zu verfolgen, wie intensiv sie gelesen wird und wer darauf antwortet. Der Text ist Teil des Netzes geworden.

Das bedeutet im Wesentlichen zwei Dinge: Er ist erstens ein doppelter Text, da er neben der sicht- und lesbaren Oberflächenstruktur auch eine Tiefenstruktur besitzt, in der eine Programmsprache festlegt, wie Computer diesen Text darstellen sollen. Obwohl Sie beim Schreiben vermutlich nicht an diesen Code gedacht haben, ist er da. Zweitens ist der Text mit anderen Texten verlinkt. Die drei Teile der hier abgebildeten Frage sind miteinander verbunden, sie beziehen sich aufeinander. Wer den einen aufruft, sieht auch die beiden anderen. Weitere Texte im Netz können sich über Links auf Ihren Text beziehen, Menschen können ihren Text über Suchmaschinen finden, auch noch in mehreren Jahren. Sie können auf unberechenbare Weise darauf reagieren.

Beide Vorstellungen – dass digitale Texte zusätzlich eine programmierte Tiefenstruktur aufweisen, die für Programme geschrieben ist und dass sie in ein Netz von Verlinkungen und Reaktionen eingebunden werden – sind für viele Personen ungewohnt. Sie erleben im Umgang mit digitalen Texten eine Art Kontrollverlust, eine Verunsicherung. Nach der Jahrtausendwende hat Marc Prensky den Begriff der »digital natives« geprägt und damit die Hypothese geäußert, das Alter von Menschen entscheide darüber, wie wohl sie sich im Netz fühlen.[16] Diese Hypothese gilt heute als widerlegt: Erfahrun-

---

16 Marc Prensky (2001): »Digital Natives, Digital Immigrants«, *www.marcprensky.com/writing/Prensky%20-%20Digital%20Natives,%20Digital%20Immigrants%20-%20Part1.pdf* (Stand: 1. 5. 2019).

gen, Bildung, Beruf und Persönlichkeitsmerkmale sind Faktoren, die für die Wahrnehmung und Einschätzung von digitalem Schreiben und Lesen bedeutsam sind. Wer viel im Netz schreibt, etwas extrovertiert ist und berufliche Erfolge mit digitalen Praktiken erzielen kann, wird zu sehr wohlwollenden Einschätzungen gelangen. Anders geht es Menschen, die kaum Erfahrungen mit Schreibprozessen auf digitalen Plattformen haben, sich nicht wohlfühlen, wenn sie in der Öffentlichkeit kommunizieren oder schlechte Erfahrungen damit gemacht haben. Wenn Sie noch einmal über Ihre Gefühle nachdenken, die Sie beim Veröffentlichen Ihrer Frage im Netz hatten, können Sie nachvollziehen, zu welcher Gruppe Sie eher gehören.

Im Rest des Buches stehen keine expliziten Aufforderungen an die Leserinnen und Leser, im Netz aktiv zu schreiben. Alle Beispiele und Beschreibungen von Möglichkeiten sind aber als Einladung zu verstehen, eigene Schreibideen zu entwickeln und im Netz zu veröffentlichen – um zu erproben, welche Effekte diese Schreibformen haben. Wer verstehen will, wie Schreibprozesse im Netz verlaufen, schreibt am besten selbst im Netz. Wer z. B. kompetent über Memes sprechen will, versucht selber, Memes zu schaffen.[17]

Abb. 2 zeigt ein Meme. Die Bedeutung von »Meme« ist komplex,[18] in Bezug auf Netzkommunikation wird der Begriff so verwendet: »Meme« bezeichnet eine Bild-Text-Kombination, die sich auf digitalen Plattformen viral verbreitet hat oder ver-

---

17 Inspiration dafür findet man möglicherweise beim Cartoon *Writing Skills*: *xkcd.com/1414* (Stand: 15. 10. 2019).

18 Vgl. Philippe Wampfler (2019): »Memes im Unterricht«. In: Elke Höfler / Jürgen Wagner (Hrsg.): *Sprachunterricht 2.0. Neue Praxisbeispiele aus Schule und Hochschule*. Glückstadt: Werner Hülsbusch, S. 90–99.

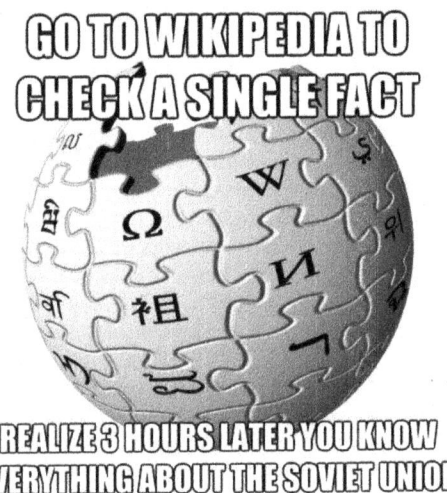

GO TO WIKIPEDIA TO CHECK A SINGLE FACT

REALIZE 3 HOURS LATER YOU KNOW EVERYTHING ABOUT THE SOVIET UNION

Abb. 2: Beispiel für ein Meme auf der Basis des *Wikipedia*-Logos. – CC BY-SA 4.0 Wikimedia Commons / That's Pretty Good

breiten könnte. Die Aufgabe, ein gutes Meme zu kreieren, erfordert eine Reihe von Kompetenzen:

- die Kenntnis einer Sammlung etablierter Meme-Formen, wie sie etwa auf *knowyourmeme.com* gesammelt werden
- die Fähigkeit, visuell und sprachlich stilistische Verfahren passend zu kombinieren.
- die Kombination aktueller oder relevanter Inhalte mit bei der Zielgruppe bekannten memetischen Ausdrucksweisen
- die Publikation der Memes zum richtigen Zeitpunkt auf gut sichtbaren Konten auf einschlägigen Plattformen
- die kreative Erfindung oder Variation von Memes.

Wenn Sie nun überlegen, wer Ihnen bei dieser Aufgabe wie helfen könnte, dann bemerken Sie, dass experimentelle Medienkompetenz für den Unterricht ein verändertes Rollenverständnis zur Folge hat. Lehrende können – und müssen! – nicht davon ausgehen, dass sie jede der von den Schülerinnen und Schülern zu erwerbenden Kompetenzen bereits besitzen. Sie sollten sich von der Vorstellung lösen, Schülerinnen und Schüler in jeder Situation anzuleiten. Ihre Aufgabe besteht vielmehr darin, die Lernenden darauf vorzubereiten, Schreibaufgaben strukturiert zu planen und auszuwerten. Das hat auch mit den Eigenschaften digitaler Schreibaufträge zu tun – und mit den didaktischen Settings, in die sie eingebettet sind.

imgflip.com/memegenerator
- Website für einfache und individuelle Meme-Erstellung
- Empfehlung: Einstellung »Private« (mit Download) wegen Urheberrechten

Schreibdidaktische Aspekte des digitalen Schreibens

Computer, Schreibprogramme und Netz-Plattformen haben die Bedingungen, unter denen Texte verfasst werden, radikal verändert. Das gilt auch für die Schule. Doch die Szenarien, in denen im Unterricht heute geschrieben wird, haben sich in den letzten Jahren kaum geändert: Klassische Aufsätze sind weiterhin weit verbreitet.[19]

Das ist aus medienpädagogischer Sicht erstaunlich – aber insbesondere auch aus schreibdidaktischer: In den letzten zwanzig Jahren haben sich Einsichten durchgesetzt, die Schreiben als eine Auseinandersetzung mit Textvorlagen verstehen, den Fokus von Schreibprodukten auf Schreibprozesse verlagern und insbesondere auch Interaktionen als wesentliche Bedingungen von Schreibkompetenz nennen. Verfahren wie das digitale Kopieren und Einfügen von Textpassagen oder die Möglichkeit, Texte permanent überarbeiten zu können, weil sie nicht gedruckt oder handschriftlich auf Papier fixiert werden müssen, spielen hier eine wichtige Rolle. Aus medienhistorischer wie auch aus schreibdidaktischer Sicht muss also im Unterricht anders geschrieben werden, wenn die Schule diese Aufgabe weiterhin kompetent wahrnehmen soll. Im Folgenden sind die wesentlichen schreibdidaktischen Aspekte für die Nutzung digitaler Endgeräte, digitaler Schreibprogramme und digitaler Plattformen im Netz zusammengestellt.

---

19 Vgl. Stefan Hofer / Rémy Kauffmann (2019): *Neue Medien – neuer Unterricht?* Bern: HEP Verlag, S. 160 f.

Schreiben ist ein komplexer Prozess. Das gilt in mehrfacher Hinsicht: 1. Ein Schreibprodukt entsteht in einem Schreibprozess, der aus verschiedenen Schreibphasen besteht. Diese Phasen bewegen sich entlang der Einsichten der klassischen Rhetorik und trennen somit Ideen- und Materialfindung, Strukturierung des Materials, Planung eines Schreibprozesses, Niederschrift eines Textentwurfs sowie Redaktion und Überarbeitung dieses Entwurfs. 2. Schreiben ist als kognitive Tätigkeit ein komplexer Prozess. Verschiedene Formen von Wissen und Kompetenz spielen auf unterschiedlichen Ebenen eines Textes zusammen. 3. Schreiben ist in einen psychisch-sozialen Prozess eingebunden, eine Schreibaufgabe entsteht in einem gesellschaftlichen Kontext, in dem Schreibende eine bestimmte Aufgabe durch die Niederschrift eines Textes so zu lösen versuchen, dass der Text ihre Handlungsabsichten unterstützt. Einfacher gesagt: Schreiben ist eine Handlung und deshalb auch in einen Handlungsprozess eingebunden.

Schulisches Schreiben wurde lange Zeit im Hinblick auf Schreib*produkte* geplant und beurteilt. Schreibdidaktische Instruktionen wie auch Beurteilungen bezogen sich auf ein Endprodukt, meist auf einen Aufsatz, der in einer bestimmten, meist recht kurzen Zeit, verfasst werden musste. Die *prozess*orientierte Schreibdidaktik hat den Fokus verschoben.[20] Diese prozessorientierte Schreibdidaktik beachtet 1. die verschiedenen Phasen des Schreibprozesses und räumt Zeit für jeden Schritt ein. Zudem entwickelt die Lehrperson mit den Schülerinnen und Schülern zusammen zielführende Arbeitsformen, zu denen insbesondere auch Feedback-Verfah-

---

20 Vgl. die Einführung in: Otto Kruse / Katja Berger / Marianne Ulmi (2006): *Prozessorientierte Schreibdidaktik*. Bern: Haupt Verlag, S. 13–37.

ren sowie Planungs- und Überarbeitungsstrategien gehören. 2. Der prozessorientierte Unterricht regt zum Aufbau aller nötigen Kompetenzen an und zeigt, wie sich orthografisches, lexikalisches, textuelles und pragmatisches Wissen aufbauen und anwenden lassen. 3. Weiter resultiert aus dieser didaktischen Herangehensweise die Einsicht, Schreibaufgaben als Lösung von echten, alltagsnahen Problemen zu gestalten, so dass Texte auch für reale Leserinnen und Leser geschrieben werden sollten.

Wer von diesen Einsichten ausgeht und versucht, Schreibsettings zu schaffen, in denen Schülerinnen und Schüler fokussiert und prozessorientiert lernen können, wird digitale Hilfsmittel in Betracht ziehen.

Im Folgenden können nicht alle Facetten digitaler Schreibarrangements dargestellt werden, aber es werden die zentralen Aspekte zusammengestellt, die individuell an die Lernsituation angepasst werden müssen: Digitale Schreibwerkzeuge (Smartphone, digitale Stifte, Tastaturen, Diktierprogramme) erweitern und ergänzen die bisher zur Verfügung stehenden Möglichkeiten. Es ist heute denkbar, für jede Phase eines Schreibprozesses das kognitiv und physisch passende Werkzeug zu verwenden. Wie bereits erwähnt (S. 15), bieten sich für Planungs- und Strukturierungsarbeiten Papier und Bleistift an (allenfalls digitales Papier und digitaler Bleistift). Für eine erste Niederschrift eines Entwurfes eignet sich hingegen eine Tastatur, auf der schnell getippt werden kann. Fürs Überarbeiten scheinen Tablets ideal, auf denen Passagen markiert und mit Kommentaren versehen werden können. Die einzelnen Phasen des Schreibens werden so auch medial sichtbar getrennt, die Affordanzen[21] der entsprechenden Schreibumgebungen unterstützen die in einer Phase relevanten Prozesse.

21 Affordanz bezeichnet den Aufforderungscharakter eines Mediums, also das, wozu ein Medium einlädt.

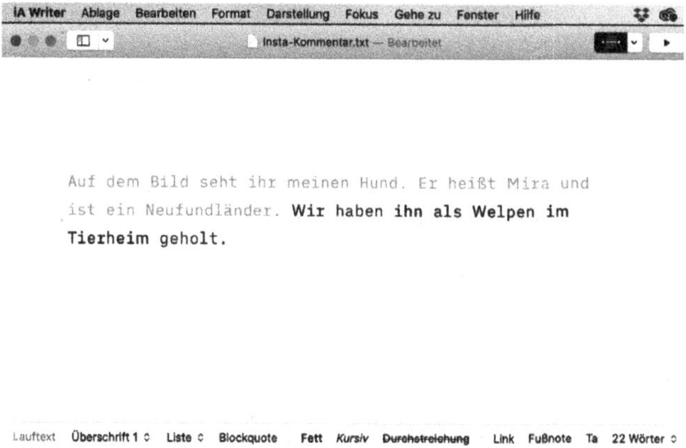
iA Writer Ablage Bearbeiten Format Darstellung Fokus Gehe zu Fenster Hilfe
Insta-Kommentar.txt — Bearbeitet
Auf dem Bild seht ihr meinen Hund. Er heißt Mira und ist ein Neufundländer. Wir haben ihn als Welpen im Tierheim geholt.
Lauftext Überschrift 1 Liste Blockquote Fett Kursiv Durchstreichung Link Fußnote Ta 22 Wörter

Abb. 3: Screenshot des *iA Writer* mit Fokusmodus (aktueller Satz schwarz) und Hervorhebung des Verbs (»haben … geholt«, im Original blau)

Was Schreibumgebungen leisten können, kann am Beispiel eines Texteditors deutlich gemacht werden. Der *iA Writer* ist ein Programm, das für verschiedene Betriebssysteme zur Verfügung steht. Grundsätzlich ist es minimalistisch eingerichtet: Es bietet wenig Menüs und Knöpfe, dafür primär eine leere Seite, die beschrieben werden kann. Beim Schreiben können verschiedene Modi gewählt werden: Ein Fokus-Modus färbt beispielsweise den gesamten Text grau ein und hebt den aktuellen Satz schwarz hervor, damit der Schreibprozess auf einen Satz fokussiert wird. Das Programm kann aber auch einzelne Wortarten farbig hervorheben, um beispielsweise syntaktische Strukturen zu zeigen (s. Abb. 3). Das sind zwei Funktionen, die z. B. beim Schreiben auf Papier nicht verfügbar sind.

Als digitale Dateien vorliegende Textentwürfe laden generell dazu ein, überarbeitet zu werden. Digitale Texte sind immer in einen Prozess der Überarbeitung eingebunden, weil sie nicht grafisch auf Papier fixiert werden. Sie verdeutlichen das Angebot, an Texten zu feilen, sie neu zu strukturieren oder an neue Kommunikationszusammenhänge anzupassen. Technische Möglichkeiten wie Copy & Paste oder eine automatische Rechtschreibkorrektur vereinfachen wesentliche Schritte beim Überarbeitungsprozess. Noch deutlicher wird das Überarbeitungspotenzial, wenn die kollaborativen Möglichkeiten der Textproduktion in den Blick genommen werden: Dateien in Textverarbeitungsprogrammen können heute von mehreren Personen gleichzeitig bearbeitet und kommentiert werden. Die Prozesshaftigkeit des Schreibens wird sichtbar, wenn kollaborative Text- oder Redaktionsarbeit mit Peer-Feedback[22] verbunden erfolgt. Das gilt in zweierlei Hinsicht: Erstens müssen in einen sozialen Kontext die einzelnen Phasen in der Interaktion mit anderen Schreibenden abgestimmt werden, zweitens können Veränderungen an Texten in den entsprechenden Programmen sichtbar gemacht werden. Viele Textverarbeitungsprogramme bieten Ansichten an, in denen Überarbeitungsprozesse rekonstruierbar werden.

---

22 Vgl. dazu Adrian Schnetzer (2006): »Peer-Feedback auf Texte an Mittel- und Hochschule«. In: Kruse [u. a.] (s. Anm. 20), S. 195–214.

Auch digitale Plattformen wie *Twitter*, *Instagram* oder *Facebook* stützen prozessbezogenes Schreiben. Texte, die im Netz publiziert werden, sind in Kommunikationssettings eingebunden. Sie werden gelesen (nicht nur von einer Lehrperson oder Peers) – und kommentiert. Digitale Medien haben die Publikation von Texten radikal vereinfacht. Daraus ergeben sich für den Schreibunterricht neue Möglichkeiten, Schreibarbeit in einen Kommunikationsprozess einzubinden.

Lindauer und Senn schreiben über die Prozesshaftigkeit des Schreibens:

»Der Aufbau der dafür nötigen Schreibkompetenzen ist grundsätzlich nur möglich, wenn die Schülerinnen und Schüler lernen, diese Prozesse selbstständig zu steuern. Dies bedingt, dass sie während des Schreibens laufend ihre Arbeit überwachen und beurteilen: Ist das Wichtigste aufgeschrieben? Habe ich genügend verständlich formuliert?«[23]

Schreiben wird in der Schreibdidaktik als Verfahren betrachtet, mit dem prozesshaft Probleme gelöst werden. Ein Bewusstsein für die Bedeutung der nötigen Schritte und Kompetenzen kann nicht an Software übertragen werden. Programme und insbesondere digitale Plattformen können aber das Einüben und Erkennen dieser Schritte und Kompetenzen unterstützen und erleichtern.

---

23 Thomas Lindauer / Werner Senn (2010): »Theorie: Schreibkompetenzen wahrnehmen und beurteilen«, *webinar.mymoment.ch/my UploadData/files/3.01_Theorie_Schreibkompetenzen_wahrnehmen_und_beurteilen.pdf*, S. 2 (Stand: 22. 9. 2019).

Interaktionsorientiertes Schreiben

Die Linguistin Angelika Storrer hat in ihren Arbeiten zu Schreibprozessen im Internet das Konzept des interaktionsorientierten Schreibens ausgearbeitet. Sie definiert es in Abgrenzung zu textorientiertem Schreiben: Führt das textorientierte Schreiben zu einem Text, der »ohne unmittelbare Interaktion zwischen Schreiber und Leser zu verstehen« ist, bezieht sich interaktionsorientiertes Schreiben »auf einen Kommunikationsverlauf in einer digitalen Interaktionsumgebung, bei der die Möglichkeit besteht, Verstehensprobleme interaktiv zu bearbeiten.«[24] Das Ziel des Schreibens besteht darin, die Interaktion aufrechtzuerhalten und von anderen daran beteiligten Personen verstanden zu werden. Aus diesen Gründen kann Reaktionsgeschwindigkeit eine größere Bedeutung einnehmen als formale Korrektheit; Gesprächsnormen erhalten Priorität vor anderen sprachlichen Normen.

Interaktionsorientiertes Schreiben lässt sich als spezielle Ausprägung der prozessorientierten Schreibdidaktik betrachten. Allerdings gibt es gravierende Unterschiede zwischen einem interaktionsorientierten und einem textorientierten Prozess: Storrer erwähnt die Bereitschaft, Kompromisse hinsichtlich sprachlicher und formaler Genauigkeit zu machen, um auf der Handlungsebene schnell genug und adäquat reagieren zu können. Das muss bei der Beurteilung des Schreibprozesses berücksichtigt werden.

---

24 Angelika Storrer (2018): »Interaktionsorientiertes Schreiben im Internet«. In: Arnulf von Deppermann / Silke Reineke (Hrsg.): *Sprache im kommunikativen, interaktiven und kulturellen Kontext.* Berlin: de Gruyter, S. 219–244, hier S. 221.

Storrer arbeitet mit Verweis auf den Linguisten Hennig Lobin[25] zentrale Tendenzen heraus, die bedeutsam für interaktionsorientierte Schreibformen sind:

- Digitale Vernetzung führt zu einer »schnelle[n] Rückkopplung«[26] zwischen Personen. Fast alle Personen sind über digitale Nachrichten schnell erreichbar.
- Datenintegration verbindet unterschiedliche mediale Formen: Text- und Sprachnachrichten sind, wie auch bewegte und unbewegte Bilder, auf denselben Kanälen zu finden.
- Automatisierung zeigt sich darin, dass auch sogenannte Bots an Interaktionen beteiligt sind. Auf den Webseiten von vielen Dienstleistern erscheinen Chatfenster, in denen Besucherinnen und Besucher Anliegen formulieren können. Diese werden dann von Programmen beantwortet.

Im Unterricht interaktionsorientierte Schreibanlässe zu schaffen, ist von großer Bedeutung, weil Menschen beruflich und privat die Kompetenz brauchen, auf digitalen Plattformen angemessen und wirkungsvoll schreiben zu können. Zwei Beispiele mögen das verdeutlichen: Immer mehr Firmen ersetzen den E-Mail-Verkehr durch Chat-Tools wie *Slack* oder *Microsoft Teams*. Die Belastung durch E-Mails soll durch interaktivere Kommunikationsformen reduziert werden. Das bedeutet aber, dass von Mitarbeitenden effizientes und professionelles Chatten verlangt wird. Im privaten Bereich lässt sich das am Stellenwert von Partnervermittlungsplattformen zeigen: Gemäß einer soziologischen Studie lernen sich in den USA rund 40 %

25 Hennig Lobin (2014): *Engelbarts Traum. Wie der Computer uns Lesen und Schreiben abnimmt.* Frankfurt a. M. / New York: Campus.
26 Storrer (s. Anm. 24), S. 223.

der heterosexuellen Paare online kennen – im Jahr 2000 waren das erst rund 5 %.[27] Eine ähnliche Tendenz lässt sich auch im deutschsprachigen Raum feststellen. Die Fähigkeit, sich in Chats als interessante Person präsentieren zu können, wird so wichtiger.

Die digitale Transformation hat also dazu geführt, dass die Fähigkeit, interaktionsorientiert zu schreiben, neben dem textorientierten Schreiben eine eigenständige Bedeutung erhalten hat. Storrer hält fest: »[K]ompetente Schreiber [sind] durchaus dazu in der Lage, ihren Schreibstil an die jeweiligen Gegebenheiten zu adaptieren und zwischen verschiedenen Schreibhaltungen zu wechseln. Die Nutzer passen ihren Sprachstil bewusst oder unbewusst an den kommunikativen Kontext an und gehen [...] mit den zur Kommunikation verfügbaren Ressourcen oft sehr kreativ um.«[28]

Für den Unterricht ist das jedoch eine Herausforderung: Texte und Schreibprozesse müssen unterschiedlich beurteilt werden, je nachdem, in welches Setting sie eingebunden sind. Wer einen formal sorgfältigen Brief in einem Chat veröffentlicht, wird damit seine Ziele nicht erreichen können. Andererseits ist ein interaktionsorientiert geschriebenes Bewerbungsschreiben nutzlos. Die Verbreitung zweier unterschiedlicher Schreibmodi verlangt nach Unterrichtsszenarien, in denen beide geübt, verbessert und auch bewertet werden können. Textsortenkompetenz und Kommunikationskompetenz überlagern und ergänzen sich dabei.

---

27 Michael Rosenfeld / Thomas J. Reuben / Sonia Hausen (2019): »Disintermediating your friends: How Online Dating in the United States displaces other ways of meeting«. In: *Proceedings of the Natural Academy of Science* 116 (36). Online: *doi.org/10.1073/pnas. 1908630116* (Stand: 20. 4. 2020).

28 Storrer (s. Anm. 24)., S. 238.

Materialgestütztes Schreiben bezieht sich auf die Aufgabe, »auf der Grundlage von Materialien (Grafiken, Tabellen, Bildern, weiteren medialen Angeboten) sowie Texten unterschiedlicher Art einen längeren eigenen informierenden oder argumentierenden Text zu einem Sachthema [zu] verfassen«.[29]

Auf diese Definition in einem Artikel der Deutschdidaktiker Abraham, Baurmann und Feilke folgt ein Beispiel: Eine Klasse erstellt vor einer Studienreise gemeinsam einen Reiseführer für Berlin, der spezifisch für die Reise der Klasse geschrieben ist. Anders als die von Verlagen publizierten Texte ist er im besten Fall aktuell und auf die konkrete Reise der Klasse zugeschnitten. Um einen solchen Reiseführer schreiben zu können, recherchiert die Klasse in Gruppen und entnimmt die relevanten Informationen verschiedenen Materialien, die sie auch kuratiert und mit eigenen Texten zusammen im Reiseführer arrangiert.

Betrachtet man dieses Beispiel, wird deutlich, dass digitale Arbeitsformen materialgestütztes Schreiben erleichtern: Anders als von Abraham, Baurmann und Feilke in Bezug auf Prüfungssituationen beschrieben, ist es nicht zwingend nötig, dass Lehrpersonen das Material selbst vorgängig auswählen – Bilder, Daten, Karten, Öffnungszeiten und andere relevante Informationen finden die Schülerinnen und Schüler im Netz. Sie können – sofern das urheberrechtlich unbedenklich ist – digitale Materialien auch leicht in eigene Dokumente als Quellen einfügen oder zumindest Informationen daraus entnehmen und selbst neu formulieren.

---

29 Ulf Abraham / Jürgen Baurmann / Helmuth Feilke (2015): »Materialgestütztes Schreiben«. In: *Praxis Deutsch* 251, S. 4–11, hier S. 4.

Diese Schreibform hat, so betonen auch die Autoren, für verschiedene Handlungsfelder eine praktische Bedeutung. In schulischen oder universitären Kontexten kommt dem Schreiben informierender Texte, die sich auf verschiedene Formen von Vorlagen beziehen, eine wichtige Bedeutung zu. Aber das gilt auch später für viele berufliche Tätigkeiten.

Ein weiterer Aspekt des materialgestützten Schreibens: Es »sollte in für Schüler sinnvolle Handlungskontexte eingebettet werden«.[30] Hier zeigt sich noch einmal die schon in Bezug auf Schreibprozess- und Interaktionsorientierung erwähnte Forderung, Schreibprozesse so anzulegen, dass Leserinnen und Leser erreicht werden, die auf den Text auch reagieren. Damit ist eine zweite Brücke vom materialgestützten Schreiben zum digitalen Schreiben geschlagen: Nicht nur erleichtern Netzrecherche und digitale Verarbeitung den Zugriff und Umgang mit informativen Vorlagen, die Publikation von Texten im Netz macht es auch möglich, mit wenig Aufwand Handlungskontexte in schulische Schreibsettings einzubinden.

Kollaboratives Schreiben

Das Beispiel des Reiseführers, den eine Klasse vor einem Ausflug nach Berlin schreibt, lässt bereits erkennen, was mit kollaborativem Schreiben gemeint ist. Kathrin Passig spricht von »gemeinsamem Schreiben«. Sie hat in einem *Google-Docs*-Dokument Möglichkeiten dargestellt, die sich durch die gleichzeitige Arbeit mehrerer Personen an einem Text eröffnen. Jenes Dokument ist als kollaborativer Text entstanden – Passig setzt also die Methode des sogenannten »pädagogischen Doppel-

30 Ebd., S. 4.

deckers«[31] ein, bei der angehende Lehrkräfte eine Lernmethode kennenlernen, indem sie damit lernen.

Die Autorin geht in ihrer Empfehlungssammlung von der Einsicht aus, dass kollaboratives Schreiben durch entsprechende Software enorm einfach geworden ist, aber viele Menschen noch keine konkreten Erfahrungen damit gesammelt haben. Das dürfte auch für die Schule und Lehrerinnen und Lehrer zutreffen. Die grundlegenden Einsichten, die Passig notiert:

> »Anwesenheit am selben Ort ist fürs gemeinsame Schreiben nicht mehr erforderlich. [...] Man kann gleichzeitig (statt abwechselnd) am selben Text schreiben. [...] Weil das gemeinsame Schreiben technisch einfacher geworden ist, wird es öfter praktiziert.«[32]

Obschon Kooperation im Unterricht eine verbreitete Methode ist, wird sie selten für die Redaktion von Texten im Schulkontext angewandt. Im heutigen Berufsleben dagegen ist es bereits üblich. Entsprechend wichtig sind Erfahrungen mit gemeinsamem Schreiben und Kompetenzen im Umgang mit kollaborativen Schreibprozessen.

Vorschläge für sinnvolle gemeinschaftliche Schreibanlässe lassen sich leicht zusammenstellen: gemeinsame Notizen machen, einen Text übersetzen (und schwierige Passagen in den Kommentaren diskutieren), gemeinsam eine Textsammlung anlegen (wie z. B. einen Reiseführer), journalistische Texte kollaborativ verfassen und redigieren.[33]

31 Vgl. Diethelm Wahl (2013): *Lernumgebungen erfolgreich gestalten.* Bad Heilbrunn: Julius Klinkhardt. S. 291.

32 Kathrin Passig (2016): »Gemeinsames Schreiben«. S. 1 f., *docs.google. com/document/d/1Hey4tG4yI7QU1GoRG2GXRE-7B0-_mG8lpdab VTQjYqg/edit* (Stand: 28. 9. 2019).

33 Ebd., S. 2 f.

Aus didaktischer Sicht ist beim gemeinsamen Schreiben das co-konstruktive Lernsetting von großer Bedeutung: Der Schreibprozess wird von unterschiedlichen Wahrnehmungen auf Absichten, Wirkungen und Sprache eines Textes beeinflusst. Schreibende sprechen miteinander über ihre Schreiberfahrungen und handeln wesentliche Entscheidungen aus – statt sie unbewusst und alleine fällen zu müssen.

Ein Online-Editor für interaktive und nicht-lineare Texte, die kollaborativ entstehen, ist z. B. *Twine*. Er eignet sich für eine große Spannbreite von Aufgaben, z. B. für Geschichten, die Bearbeitung von Sachthemen und Anleitungen. Beiläufig erwerben die Lernenden auch Grundkenntnisse in HTML, ohne programmieren zu müssen. Wer *Twine*-Texte liest, bestimmt an Verzweigungen mit, wie die Lektüre verläuft.

Twine (twinery.org)
- Online-Editor für interaktive und nicht-lineare Texte
- Einführung von Nele Hirsch: *ebildungslabor.github.io/ twinetutorial*

Produktionsorientierter Literaturunterricht

Schreiben ist im Deutsch- und Fremdsprachenunterricht auch eine Auseinandersetzung mit literarischen Vorlagen. Unter dem Paradigma des produktionsorientierten Literaturunterrichts entstand in den letzten Jahrzehnten eine Reihe von Vorschlägen, wie Schülerinnen und Schüler in aktiver Auseinandersetzung mit Texten eigene Lernprodukte entwickeln können. Produktionsorientierter Literaturunterricht hat ein mehrfaches Ziel: »das Verstehen des Textes und die Aneignung von reflektierbaren Erschließungsverfahren«, »die Entwicklung der inneren Vorstellungskraft« wie auch den »Aufbau von Lesemotivation«.[34]

Ein anregendes Beispiel für ein produktionsorientiertes Verfahren ist »Blackout Poetry«. Das Verfahren erzeugt aus einer Textvorlage – in der Regel einer Seite eines literarischen Buches – eine Text-Bild-Komposition, die aus ausgewählten Wörtern der Vorlage gebildet wird.[35] Es ist nicht erstaunlich, dass das Verfahren in einer Kultur der Digitalität an Popularität gewonnen hat und auch für den Deutschunterricht fruchtbar gemacht worden ist.[36] Blackout Poetry ist eine Technik, welche die eigene Produktion an eine Textvorlage anbindet – ganz im Sinne von Stalders Referentialitäts-Merkmal (vgl. S. 14). Sie löscht die physische Textvorlage teilweise aus und schafft ein neues physisches Artefakt, das aber wiederum Buch- und Bastelkultur für ein Netzpublikum zelebriert (vermutlich, weil der Text auch digital vorliegt oder zumindest digital reproduzierbar ist). Blackout Poetry wird auf Pinterest- und Padlet-Boards im Netz geteilt.[37]

Blackout Poetry ist nicht nur symbolisch auf den Leitmedienwechsel bezogen: Hilfsprogramme ermöglichen, digitale

34 Gerhard Haas / Wolfgang Menzel / Kaspar Spinner (1999): »Handlungs- und produktionsorientierter Literaturunterricht«. In: *Praxis Deutsch* 1999/71, S. 17–25, hier S. 25.

35 Dieses Verfahren ist von der Tradition der »Künstlerbücher« inspiriert. Der Künstler Tom Phillips bemalt für sein Projekt »A Humument« einen viktorianischen Roman immer wieder neu, vgl. *www.tomphillips.co.uk/humument* (Stand: 30. 4. 2020).

36 Zum Beispiel von Christian Schenk (2018): »Sichtbar machen durch Schwärzen«, *schoolofschenk.com/2018/11/27/sichtbar-machen-durch-schwarzen* (Stand: 30. 4. 2020).

37 Vgl. auch Ricarda Dreier (2019): »Sommerhaus, später. Blackout Poetry«, *padlet.com/fraudreier/blackout* (Stand: 30. 4. 2020).

Formen zu erstellen oder das Format sogar weiterzudenken.[38] Die Webseite »Versteckte Verse«[39] ermöglicht es, einen Text digital zu schwärzen und so nach Wortmaterial zu suchen, aus dem ein Gedicht entstehen kann. Dieses Vorgehen ersetzt eine künstlerische Bearbeitung einer Buchseite (vgl. Abb. 4) nicht, kann jedoch als Entwurf den Schreibprozess unterstützen. Mit digitalen Verfahren können Buchseiten durch Augmented-Reality-Inhalte ergänzt werden: Hält man beispielsweise auf einem Smartphone die Lego-App über eine Seite des Lego-Katalogs, sieht man die abgebildeten Modelle aufgebaut, die Figuren spielen zudem kleine Szenen darauf. Mit einfachen Hilfsmitteln können solche AR-Ergänzungen auch für Buchseiten eines Romans erstellt werden.[40]

Versteckte Verse (*versteckteverse.glitch.me*)

- Webseite, auf der Blackout Poetry mit eigenen (digitalen) Texten erstellt werden kann
- Produkte lassen sich herunterladen und speichern bzw. ausdrucken

---

38 In seinem Rückblick auf das »Manifest« von Haas, Menzel und Spinner erwähnt Tilman von Brand im Hinblick auf digitale Werkzeuge, die »Möglichkeiten, mit Literatur umzugehen, haben sich weiterentwickelt«, und listet dann eine Reihe von Ideen auf, unter anderem »inszenierte Intertextualität« und »Hypertextstrukturen«; Tilman von Brand (2019): »Handlungs- und Produktionsorientierung im Literaturunterricht«. In: *Praxis Deutsch* 276/2019, S. 4–11, hier S. 6 f.

39 *versteckteverse.glitch.me* (Stand: 30. 4. 2020).

40 Paul Hamilton, Tweet vom 17. 11. 2018, *twitter.com/paulhamilton8/ status/1063922784412127232?s=21* (Stand: 10. 10. 2019).

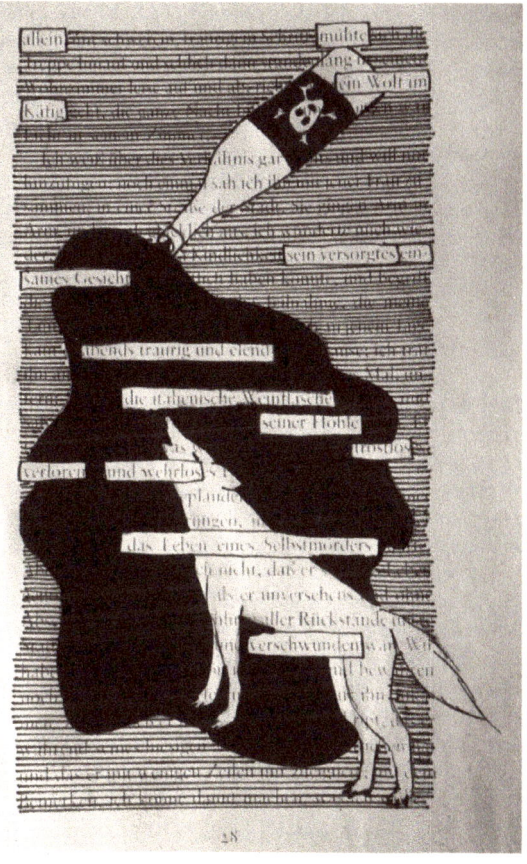

Abb. 4: Blackout Poetry zu einer Seite aus Hesses *Steppenwolf*. –
© Maike Bonsen.

Blackout Poetry zeigt, dass produktionsorientierter Literaturunterricht zu attraktiven und multimedialen Schreibaufträgen führen kann – es handelt sich um eine Art kreative Form materialgestützten Schreibens. Digitale Hilfsmittel erweitern einerseits die Handlungsmöglichkeiten bei der Bearbeitung solcher Schreibaufträge, andererseits ermöglichen sie eine Reflexion des Leitmedienwechsels. Eine Buchseite ist in Zeiten von *Augmented Reality* mehr als eine physische Seite: Sie kann auch ein Code sein, mit dem Inhalte im Netz abgerufen und auf einem Display sichtbar gemacht werden.

Einwände, Risiken – und ein Ausblick

Der didaktische Konsens über die Bedeutung bewussten Schreibens scheint durch das Netz gefährdet. Was ein sorgfältiger, mehrstufiger Prozess der Sinnfindung[41] sein sollte, verflacht durch schnell geschriebene Kurztexte. Spricht man von Lesen als *deep reading*, wenn Leserinnen und Leser so in die Lektüre versinken, dass sie sich kreativ mit tiefgründigen Fragen auseinandersetzen können, so könnte man behaupten, digitale Kommunikation gefährde *deep writing*: Auf eine Auseinandersetzung mit der eigenen Identität muss zugunsten einer pausenlosen Inszenierung verzichtet werden. Digitale Plattformen erfordern beiläufige, schnell und einseitig wirkungsorientiert verfasste Texte. Geschrieben wird das, was in der Aufmerksamkeitsökonomie das Interesse anderer Personen binden könnte.

41 Vgl. Tory Hicks / Daniel Perrin (2014): »Beyond single modes and media: Writing as an ongoing multimodal text production«. In: Eva-Maria Jakobs / Daniel Perrin: *Handbook of Writing and Text Production*. Berlin/Boston: de Gruyter, S. 343–372, hier S. 360.

Diese kritische Sicht auf den Einfluss digitaler Technologie auf Schreibprozesse meldet Zweifel an, ob Schreibprozesse bewusster, tiefer und bedeutsamer werden, wenn sie digital begleitet werden. Einwände dieser Art richten sich nicht gegen grundsätzliche schreibdidaktische Einsichten – berücksichtigen also durchaus, dass Schreiben als Prozess verstanden werden muss oder in möglichst kommunikativ ausgerichteten Settings stattfinden sollte, damit Interaktionen und Wirkungen auch erlebbar sind. Sie stellen aber infrage, ob digitale Endgeräte, Software und Netzplattformen helfen, diese schreibdidaktischen Einsichten umzusetzen. Betrachten wir vier häufige Argumente:

(1) Aufmerksamkeit wird durch *addictive design* im Netz fremdgesteuert.[42] Wer Social Media oder digitale Spiele intensiv nutzt, reagiert nur noch auf externe Anreize und kann sich nicht mehr selbstbestimmt mit dem auseinandersetzen, was wichtig oder relevant ist. Vertiefte Schreibprozesse sind nicht mehr möglich, weil Menschen ständig abgelenkt sind.

(2) Permanentes digitales Feedback reduziert menschliche Aktivitäten auf das, was anderen gefällt. Es werden nur noch Texte ins Netz gestellt, die Potenzial haben, Reaktionen zu generieren. Dadurch geraten viele wichtige Schreibformen aus dem Blick, weil die entsprechenden Formen der Bewertung einseitige Anreize schaffen.

(3) Die Schule ist ein Schonraum, in dem Lernen und Fehler ohne Blick der Öffentlichkeit möglich sein müssen. Digitale Arbeitsformen sind gerade beim Schreiben heikel, weil hier intime Gedanken formuliert werden. Werden diese Schreibprodukte im Netz publiziert, sind sie einerseits den vielfältigen

42 Philippe Wampfler (2019): »Das Netz lesen – eine Anleitung für nicht-lineare Lektüre«. In: Ph. W. [u. a.]: *Routenplaner #digitale Bildung*. Hamburg: ZLL21, S. 29–38, hier S. 32 ff.

Formen der Überwachung ausgesetzt, können andererseits in Kontexte übertragen werden, welche die Texte verfremden und auch missbrauchen können. Texte von Schülerinnen und Schülern gehören deshalb nicht ins Netz.

(4) Schreiben verarmt und verflacht durch die Nutzung dialogischer, mündlicher und umgangssprachlicher Ausdrucksweisen. Jugendliche schreiben immer häufiger so, wie sie auch sprechen. Die Schule sollte ihr Repertoire erweitern und Tendenzen hin zu oberflächlichem Multitasking und einem eingeschränkten Ausdrucksrepertoire in der schriftlichen Sprache nicht verstärken.

Alle diese Einwände haben eine Berechtigung und sollten in Bezug auf die Gestaltung von Schreibprojekten (vgl. S. 45–62) berücksichtigt werden. Sie dürfen aber in einer ausgewogenen Betrachtung nicht zur Verhinderung zeitgemäßer Schreibprojekte führen. Gerade weil Fremdsteuerung der Aufmerksamkeit (1), permanente digitale Bewertung (2) und Überwachung (3) gesellschaftliche und kommunikative Herausforderungen darstellen, müssen sie im Unterricht thematisiert werden. Mit Projekten, die experimentelle Medienkompetenz (vgl. S. 18–23) ermöglichen und deshalb in authentische Kommunikationskontexte eingebunden sind, können unbewusste Effekte bewusst gemacht werden – eine Voraussetzung, um wirksam Kompetenzen aufbauen zu können. Damit ist auch ein kritischer Blick auf Vorurteile und Vorbehalte verbunden: Die Befürchtung, Sprache verkümmere durch ihre Nutzung auf digitalen Plattformen (4), hält einer genaueren Prüfung nicht stand.[43] Auch die Angst vor einer verstärkten Oberflächlichkeit ist unbegründet: Neben das vertiefte, fokussierte Schreiben ist

43. Vgl. dazu etwa: Christa Dürscheid / Karina Frick (2016): *Schreiben digital. Wie das Internet unsere Alltagskommunikation verändert.* Stuttgart: Kröner. Kap. 3.

mit digitaler Kommunikation ein beiläufiges, multimodales Schreiben getreten – beide Schreibmodi verwenden Menschen heute parallel. Die Kritik blendet den einen Modus bewusst aus.[44]

Hicks und Perrin bilanzieren hinsichtlich von Fragen der Unterrichtsgestaltung: »Sogar in einer Zeit, in der immer mehr Lehrkräfte digitales Schreiben in ihrem Unterricht anbieten, hindern sie akademische Erwartungen und technologische Beschränkungen, dieses breitere Verständnis des Schreibens (Hypertexte, multimodale Formen oder soziale Netzwerke) zu fördern. [...] Wir gehen davon aus, dass alltägliche Formen des Schreibens immer stärker zur Norm unserer vernetzten und globalisierten Gesellschaft werden.«[45] Aus diesem Zitat lässt sich eine Maxime für den Umgang mit kritischen Einwänden gegen digitales Schreiben ableiten: Kritik soll genutzt werden, um Schreibunterricht zu *verbessern*, nicht, um ihn zu *verhindern*. Verunmöglicht die Kritik, alltagsnahe und zeitgemäße Schreibformen im Unterricht zu erproben und zu thematisieren, ist sie in einen Verhinderungsdiskurs gekippt, der problematisch ist. Die Prognose von Hicks und Perrin lässt aber vermuten, dass digitales Schreiben zunehmend breitere Akzeptanz finden wird.

Da sich aber digitale Verfahren zunehmend auch im Unterricht durchsetzen dürften, werden sich Vorstellungen von Schreibprozessen stärker von traditionellen Textsorten lösen und Formen der Kommunikation in den Fokus rücken. Digitale Lernumgebungen können diese Tendenz sinnvoll begleiten.

---

44 Vgl. für das »writing by-the-way«: Tory Hicks / Daniel Perrin (2014): »Beyond single modes and media: Writing as an ongoing multimodal text production«. In: Eva-Maria Jakobs / D. P. (Hrsg.): *Handbook of Writing and Text Production*. Berlin/Boston: de Gruyter, S. 343–372.

45 Ebd., S. 363 (übers. von Ph. W.).

Ein Team der Schreibdidaktik der Universität Bamberg fasst die entsprechenden Anforderungen wie folgt zusammen:

> »Ziele, die eine sekundarstufengeeignete Schreibdidaktik verfolgen sollte [...]:

- Funktionales Schreiben (für Adressat/-innen und alltagsnah definierte Zwecke) einüben und reflektieren!
- Text(sorten)kompetenz langfristig aufbauen!
- Darüber aber die kreativen Potenziale des Schreibens nicht vergessen und auch solche Schreibaufgaben stellen, die Erfindungsreichtum und/oder sprachliches Wagnis herausfordern!
- Eher die Funktion und kommunikative Grundhaltung eines Textes (narrativ, deskriptiv, argumentativ) betonen als seine äußere Form.
- Die Schreibentwicklung der Lernenden von der Unterstufe bis zur Fach- oder Seminararbeit in der Oberstufe und weiter zum wissenschaftlichen Schreiben an der Hochschule [...] als Kontinuum eines allmählichen Kompetenzaufbaus begreifen!«[46]

Diese Aspekte müssen digitale Schreibprozesse begleiten, wenn sie fachdidaktisch abgestützt sein sollen. Zusätzlich gilt es, besondere Rücksicht auf die Gestaltung und Bewusstmachung von Schreibprozessen zu nehmen, weil gerade durch bewusste Strukturierungen dieses Prozesses ein systematischer Aufbau von Schreibkompetenz ermöglicht wird.

46 Lehrstuhl für Didaktik der deutschen Sprache und Literatur der Universität Bamberg (2016): »Schreibdidaktiken für die Sekundarstufen«, *www.uni-bamberg.de/germ-didaktik/transfer/online-seminare/schreib-web/schreibdidaktiken-sekundarstufe* (Stand: 30. 4. 2020).

Digitale Schreibprojekte konzipieren

Digitale Schreibprojekte gehen von einem Medienverständnis aus, das Digitalität als eine fundamentale Veränderung einer Kulturtechnik erfasst.[47] Medien sind nicht nur Werkzeuge, um medienunabhängige Ziele zu erreichen. Vielmehr verändern sie Wahrnehmungen und Möglichkeiten des kulturellen Ausdrucks – auch wenn kulturgeschichtlich gerade mediale Neuerungen oft zunächst verwendet wurden, um bekannte Prozesse zu reproduzieren, und sich erst später zeigte, welche Möglichkeiten Innovationen eröffnen und wie sie das menschliche Denken verändern.[48]

Was ist in Bezug auf digitales Schreiben im Unterricht das Neue – ohne mit Netzzugriff dasselbe zu machen, was zuvor schon möglich war? Eine erste Antwort hat das Kapitel zur Schreibdidaktik geliefert, das gezeigt hat, dass Programme, digitale Geräte und Plattformen dazu beitragen können, fachdidaktische Einsichten leichter umzusetzen. Eine zweite Antwort liefert der Ansatz von Felix Stalder, der wie S. 14 erwähnt, von einer *Kultur der Digitalität* spricht. Die drei Eigenschaften

---

47 Lisa Rosa hat diesen Gedankengang in ihrer Analyse von »Projektlernen mit Lehrenden im Zeitalter von Social Media« ausgearbeitet: L. R. (2013): »Lernen 2.0 – Projektlernen mit Lehrenden im Zeitalter von Social Media«. In: Christine Schumacher / Felix Rengstorf / Christina Thomas (Hrsg.): *Projekt:Unterricht. Projektunterricht und Professionalisierung in Lehrerbildung und Schulpraxis.* Göttingen: Vandenhoeck & Ruprecht, S. 245–269, hier S. 252.

48 Vgl. für eine medienhistorisch ausgearbeitete Analyse Axel Krommer (2019): »Paradigmen und palliative Didaktik. Oder: Wie Medien Wissen und Lernen prägen«. In: A. K. [u. a.]: *Routenplaner#digitaleBildung.* Hamburg: ZLL 21, S. 81–100, und Kathrin Passig (2019): *Vielleicht ist das neu und erfreulich. Technik. Literatur. Kritik.* Graz: Droschl, S. 34.

dieser Kultur ermöglichen ein genaueres Verständnis, wie digitale Schreibprojekte angelegt sein müssten.[49]

Referentialität, die Nutzung von bestehenden Texten (oder kulturellem Material) für eigene produktive Verfahren, hat in der Vorstellung vom materialgestützten Schreiben bereits ihren Niederschlag gefunden. Spezifisch digital ist diese Nutzung, weil im Netz eine große Menge an Texten bereits vorliegt und mit digitalen Medien kopiert, bearbeitet und adaptiert werden können. Das im Abschnitt zu produktionsorientiertem Literaturunterricht (vgl. S. 36 ff.) gezeigte Verfahren der Blackout Poetry betont diesen Aspekt der Referentialität, indem ein Verfahren beschrieben wird, wie aus bestehenden Texten neue entstehen können – mit und ohne digitale Umsetzung.

Gemeinschaftlichkeit, der Verweis darauf, dass Texte in einer Kultur der Digitalität von Kollektiven hervorgebracht und mit einer Bedeutung versehen werden, wird darin sichtbar, dass sich digitale Schreibprojekte leicht so anlegen lassen, dass kollaboratives Schreiben möglich, ja gar naheliegend ist – wie das in Verlagen und Redaktionen in der Zusammenarbeit zwischen Autorinnen/Autoren und Lektorat und Korrektorat schon vor-digital selbstverständlich war. Auch hier helfen digitale Angebote wie Textverarbeitungssoftware, welche die synchrone Zusammenarbeit mehrerer Personen technisch komfortabel gestaltet. Die einfachsten Formen sind Etherpads (ausführlicher dazu vgl. S. 78 ff.).

Algorithmizität, der Einsatz von Programmen oder Maschinen,[50] ist in Bezug auf Texte wenig verbreitet – und bedarf der

---

49 Felix Stalder (2016): *Kultur der Digitalität*. Frankfurt a. M.: Suhrkamp, S. 95.
50 »Die Zusammenarbeit mit Maschinen unterscheidet sich nicht so sehr von der Zusammenarbeit mit anderen Menschen, und die

Übung. In bestimmten Berufsfeldern ist es in den letzten Jahren üblicher geworden, etwa auch juristisch relevante Texte von Programmen schreiben zu lassen – verbreitet ist das bei Arbeitszeugnissen. Beispielsweise können auch Sozialarbeiterinnen und -arbeiter auf solche Tools zugreifen, um Berichte zu schreiben.[51] In der Schule werden aber entsprechende Werkzeuge erst zögerlich eingesetzt. Gerade für die Überarbeitung oder Korrektur sind Programme wie z. B. *Mentor* von Duden hilfreich. Dieser Algorithmus prüft einen Text auf formale Fehler und meldet stilistische Auffälligkeiten zurück.

Duden Mentor (mentor.duden.de)

- webbasierte Rechtschreibkontrolle
- in der kostenpflichtigen Version werden auch längere Texte geprüft, Synonyme vorgeschlagen und stilistische Hinweise gegeben

---

Wendet man Stalders Merkmale der Kultur der Digitalität auf Schreibprojekte an, so bedeutet das, dass materialgestützte (Referentialität), kollaborative (Gemeinschaftlichkeit) und programmgestützte (Algorithmizität) Schreibprozesse die Regel sein sollten. Lässt sich das nicht komplett umsetzen, so sollte zumindest eines dieser Merkmale vorliegen, wenn digitales Schreiben bewusst im Unterricht eingesetzt oder geför-

Zusammenarbeit mit anderen Menschen unterscheidet sich nicht so sehr von der Zusammenarbeit mit dem eigenen Kopf«. Passig (s. Anm. 48), S. 55.

51 Vgl. Philippe Wampfler (2018): »Automatisierte Texterstellung – drei Beispiele und eine Einschätzung«, *schulesocialmedia.com/2018/08/31/automatisierte-texterstellung-drei-beispiele-und-eine-einschaetzung* (Stand: 30. 4. 2020).

dert wird. So vermeidet man das Risiko, in digitalen Umgebungen nur Schreibaufgaben zu erledigen, die für eine vordigitale Zeit konzipiert wurden.

Agile Deutschdidaktik

Experimentelle Entwicklung digitaler Medienkompetenz geschieht auf didaktischer Ebene am besten unter Orientierung an der agilen Didaktik, die im Kontrast zu einer Didaktik der Planung steht.[52] »Wer agile Didaktik betreibt, bereitet sich als Lehrperson auf Unterrichtssituationen vor, die flexible Entscheidungen benötigen – während die Plandidaktik diese Entscheidungen selbst zum Gegenstand der Vorbereitung macht.«[53] Die Funktion agiler Didaktik besteht darin, den Fokus vom Stoff auf Lernprozesse zu legen. Dadurch erhöht sich der Freiheitsgrad von Lehrenden wie Lernenden.

In Bezug auf Schreibprojekte ist das leicht nachzuvollziehen: Sind bestimmte Textsorten und ihre Merkmale Stoff des traditionellen Deutschunterrichts, lösen sich diese beim digitalen Schreiben zunehmend auf. Das hat mehrere Gründe: Viele Textsorten sind an Publikationsformate in den Massenmedien, insbesondere in Zeitungen, angelegt. Da diese als Leitmedium vom Netz abgelöst wurden, wo Texte stärker interaktionsorientiert und nicht-linear erscheinen und publiziert werden, büßen sie an Bedeutung ein. Digitale Plattformen wie Twitter oder Instagram, auf denen viele Texte erscheinen, laden mit technischen Beschränkungen dazu ein, diese kreativ zu überschreiten.

52 Philippe Wampfler (2017): *Digitaler Deutschunterricht.* Göttingen: Vandenhoeck & Ruprecht.
53 Ebd., S. 37.

Das Beispiel Abb. 5 mag das verdeutlichen: Es zeigt ein Fakten-Konto, das Textebenen kombiniert. Der Bildteil der Plattform Instagram wird für eine erstaunliche Aussage genutzt, die durch den Namen und das Image des Kontos als Fakt präsentiert wird. Auch Paratexte wie eine Quellenangabe können diesen Eindruck verstärken. Der Kommentarteil ergänzt weiteren Text mit unterschiedlicher Funktion. Diese Konten überschreiten die Vorgaben der Plattform insofern, als dass sie schriftsprachliche Texte in den Vordergrund rücken, indem sie Text-Bild-Kombinationen verwenden (einige Konten zeigen im Bildteil ausschließlich Text). Dadurch lassen sich mehrschichtige Texte auf Instagram publizieren, obwohl es sich ursprünglich um eine Plattform für Bilder handelt. Ähnliche Effekte sind auch auf Twitter möglich, wo insbesondere Screenshots von Zeitungsartikeln geteilt werden, um mehr Text in einen einzelnen Tweet packen zu können und eine traditionelle Textsorte in eine interaktionsorientierte Umgebung zu überführen.

Wenn sich neue Formen entwickeln – und auch entwickeln müssen, weil sich die Plattformen ständig verändern[54] –, dann wird ein experimenteller, schreibender Umgang mit diesen Formen auch für den Unterricht wichtig. Nehmen wir an, eine Klasse schriebe kurze Sachtexte, die im Netz publiziert werden sollen. Während die Lehrkraft möglicherweise ein Blog- oder Twitter-Projekt vorbereitet hat, könnten die Schülerinnen und Schüler darauf drängen, sie auf Instagram zu publizieren, um wie im Beispiel Abb. 5 (S. 50) Texte auf Bildern und in Kom-

---

54 Ein wichtiges Beispiel dafür ist die Thread-Funktion von Twitter, die es erlaubt, mehrere Tweets zu verbinden. Diese Textketten können dann mit entsprechenden Hilfsprogrammen in einen zusammenhängenden Text umgewandelt werden. Damit bietet Twitter eine Möglichkeit an, beliebig lange Texte zu publizieren, obwohl jeder einzelne Tweet maximal 280 Zeichen umfassen darf.

Abb. 5: Text-Bild-Kombination aus dem *Instagram*-Konto @faktastisch (www.instagram.com/p/B3PLdFsoCoI)

mentaren unterzubringen, eine Publikationsform, die die Lehrkraft vielleicht (noch) gar nicht im Blick hatte.

Das bedeutet für Lehrerinnen und Lehrer, dass sie agil unterrichten müssen. Sie können bei digitalen Schreibaufgaben nicht voraussehen, wie sich Texte entwickeln werden – und das ist gut so. Mehr noch: Lehrkräfte in Sprachfächern werden weiterhin in der Lage sein, Schreibprozesse kompetent zu begleiten, Schülerinnen und Schüler zu beraten und zu fördern. Aber in einer Kultur der Digitalität sind sie nicht mehr die besten Schreiberinnen und Schreiber im Schulzimmer, weil Kinder und Jugendliche möglicherweise wirksamer mit den Regeln und Dynamiken von Netztexten umgehen können – auch sie arbeiten agil. Das ist kein Problem, sondern erfordert einfach ein verändertes Rollenverständnis.

Die 4K-Kompetenzen im Schreibunterricht

Während Stadler Merkmale einer Kultur beschreibt, benennen die 4K-Skills Kompetenzen, die für die Arbeit in einer Kultur der Digitalität entscheidend sind. Die vier »K« stehen für »Kommunikation«, »Kollaboration«, »Kreativität« und »kritisches Denken«.[55] Die Kompetenzen beziehen sich auf Denken, Arbeiten und Lernen gleichermaßen: In heutigen digital geprägten Denk-, Arbeits- und Lernformen wird mit anderen zusammen (Kollaboration) Neues erkundet und hergestellt (Kreativität) und Prozesse sowie deren Ergebnisse auf verschiedenen Kanälen mitgeteilt (Kommunikation). Dabei werden nötige Unterscheidungen und Komplexitäten beibehalten (kritisches Denken). Die 4K lenken den Fokus auf den Aufbau dieser Kompetenzen.

Was bedeutet das für den Schreibunterricht? Die Aussagen lassen sich recht direkt auf Schreibanlässe übertragen, indem folgende Kriterien für digitale Schreibprojekte beachtet werden:

1. Laden das Schreibsetting und die vorgeschlagenen Tools dazu ein, dass mehrere schreibende Personen zusammenarbeiten?
2. Können Vorgaben unterlaufen und überschritten werden, gibt es Freiräume für kreative Prozesse?
3. Werden die Schreibenden aufgefordert, anderen von ihrem Schreiben zu erzählen? Gibt es vielfältige Möglichkeiten zur Kommunikation?

55 Vgl. für eine Diskussion der Bedeutung Dejan Mihajlovic (2019): »Kommunikation, Kollaboration, Kreativität und kritisches Denken – mehr als Buzzwords«. In: D. M. [u. a.]: *Routenplaner #digitale Bildung*. Hamburg: ZLL21, S. 171–179, hier S. 179 und 172.

4. Reflektieren schreibende Aufgaben, Texte sowie Verläufe von Schreibprozessen verbindlich und kritisch? Wird Kritik von allen Beteiligten wahrgenommen und als Basis für die weitere Arbeit betrachtet?

Projektlernen

Wenn Schreibaufgaben prozessorientiert, materialgestützt und kollaborativ erfolgen, ist es oft nicht sinnvoll, in einem vorgegebenen und knapp bemessenen Zeitraum Texte schreiben zu lassen. Zwischen Schreibphasen müssen Lese-, Reflexions-, Feedback- und Überarbeitungsphasen angesetzt werden können. Das führt im Idealfall zu projektartig angelegten Schreibaufgaben. Ehlers hat in ihrer *Literaturdidaktik Deutsch* umrissen, wie Projektlernen im Deutschunterricht funktioniert:

> »Zu den Merkmalen der Projektmethode gehören Handlungs- und Produktorientierung, eine arbeitsteilige Bearbeitung einer Problemstellung, Selbstorganisation des Prozesses, Selbsttätigkeit des Schülers, kooperatives Lernen und fächerübergreifendes Arbeiten.«[56]

Ehlers gliedert den Prozess der Projektmethode in sieben Phasen, von denen Planung und Präsentation hervorgehoben werden sollen. Gerade für die erfolgreiche Gestaltung (kollaborativer) Schreibprojekte ist Planung unumgänglich. Damit ist nicht gemeint, dass jeder Arbeitsschritt vorhergesehen werden muss. Aufgaben müssen aber in Teilschritte zerlegt und die

---

56 Swantje Ehlers (2016): *Literaturdidaktik. Eine Einführung.* Stuttgart: Reclam, S. 274.

Verantwortung dafür an einzelne Schreibende übergeben werden. Auch eine zeitliche Gliederung der Projektarbeit ist unumgänglich – Lehrkräfte können hier mit verbindlichen Meilensteinen Hilfestellungen anbieten, die verhindern, dass entscheidende Arbeitsschritte erst in letzter Sekunde erfolgen.

Eine zweite entscheidende Phase für das Projektlernen ist die Präsentation oder Publikation des Produkts, das im Projekt entstanden ist. Die Präsentation ist elementarer Bestandteil des Projektlernens und zeichnet sich durch eine Verbindung mit allen vier Dimensionen der 4K-Kompetenzen aus. Bei Schreibprojekten ist die Publikation von Texten im Netz oder bei Zeitungen bzw. Zeitschriften ein naheliegender Bestandteil der Präsentation. Damit verbunden sind die Kommunikation mit Leserinnen und Lesern, eine Erklärung des Prozesses, der Absichten und der gewählten Form der Zusammenarbeit sowie eine Reflexion des Ergebnisses.

Projektlernen löst etablierte Vorstellungen von Unterricht auf.[57] Lisa Rosa formuliert das in ihrer einschlägigen Diskussion von *Lernen 2.0* folgendermaßen:

>»Eine Projektanlage, die Peer-to-peer-Lernen und individuelle wie Gruppen-Beratung enthält, kann auch die potenziellen Netzwerkeigenschaften der Lerngruppe nutzen, um fehlende Kompetenzen einzelner Teilnehmer zu entwickeln oder auszugleichen. Der Lehrer ›unterrichtet‹ in einem solchen Projekt nicht mehr, auch nicht in Trainings- und Lehr-

---

57 Diese Vorstellung hat eine lange Geschichte: John Dewey und sein Schüler Kilpatrick formulierten vor über 100 Jahren eine präzise und kohärente Vorstellung von Projektlernen, die Methode an sich lässt sich bis ins 16. Jahrhundert zurückverfolgen, vgl. den Eintrag zu »Project Method« in: David Phillips (Hrsg.) (2014): *Encyclopedia of Educational Theory and Philosophy*. Thousand Oaks (Cal.): Sage, S. 665–669.

gangsepisoden. Er moderiert stattdessen den Projektprozess der Gruppe, ist Einzel- und Gruppencoach und stellt Ressourcen (Medien, Material, Mittel, Experten, Präsentationsorte) bereit, soweit die Gruppe das nicht selbst kann.«[58]

Das bedeutet zusammenfassend für Schreibprojekte: Gruppen von Schülerinnen und Schülern entwickeln Projektideen, strukturieren die für die Umsetzung nötigen Prozesse selbsttätig, schreiben gemeinsam an einem oder mehreren Texten und veröffentlichen oder präsentieren die Ergebnisse in einem geeigneten Rahmen. Dabei lernen sie primär von anderen Lernenden und aus der eigenen Erfahrung, die Lehrerin oder der Lehrer schaffen die Bedingungen für diesen Lernprozess. Sie garantieren aber auch eine bestimmte Verbindlichkeit, indem sie etwa Zwischenbesprechungen durchführen oder Teilergebnisse einfordern – und sind für die Bewertung der Projektarbeit zuständig.

Digitale Medien erleichtern prozessorientiertes Arbeiten: Sie stellen Werkzeuge für Projektmanagement und kollaboratives Schreiben zur Verfügung und schaffen Möglichkeiten für den Austausch mit Fachpersonen und Peers im Netz. Zudem können Texte im Netz zur Lektüre bereitgestellt werden. Die Pointe von Lisa Rosas Arbeit zum Projektlernen besteht aber darin, dass nicht die Werkzeuge entscheidend sind, sondern die Projektmethode an sich: Sie bezeichnet die Art und Weise, wie gesellschaftliches Lernen im digitalen 21. Jahrhundert funktionieren kann.[59] Digitales Schreiben bedeutet dann aus didaktischer Sicht: Schreibprojekte durchführen, weil sich darin die wesentlichen Merkmale einer Kultur der Digitalität zeigen und die relevanten Kompetenzen für die Bewältigung von

58 Lisa Rosa (s. Anm. 47), S. 260.
59 Ebd., S. 250.

Schreibaufgaben im 21. Jahrhundert erworben werden können. Dass digitale Hilfsmittel vieles leichter machen, ist dann lediglich ein Bonus – nicht aber der Kern der Schreibdidaktik.

Peer-Feedback

Wie bereits erwähnt, steigt die Qualität der Schreibprozesse, wenn für ein Gegenüber geschrieben wird. Dieses Gegenüber ist in traditionellen Settings für alle Schreibenden die Lehrkraft. Digitale Schreibumgebungen bieten ganz neue Möglichkeiten des Peer-Feedback: Schülerinnen und Schüler schreiben für andere Schülerinnen und Schüler, die ihr Schreiben kommentieren.

Das lässt sich in ganz vielen Formen denken: sei es ein Schreibaustausch mit einer Klasse aus einem anderen (Bundes-)Land, die man über die Produktion von Texten kennen lernen kann, ein interaktives Schreibprojekt zwischen verschiedenen Mitgliedern einer Klasse oder Lernenden einer Schule. Die im Schulalltag häufigste Variante ist zielgerichtetes, spezifisches Feedback auf Schreibprozesse. Gerade Kommentarfunktionen in vielen Textverarbeitungsprogrammen eröffnen hier eine Reihe von Möglichkeiten, wie das Kapitel »Kommentare«, S. 98 ff., noch genauer zeigen wird. Die Bedeutung von Peer-Feedback hat der Deutschlehrer Urs Henning genau beschrieben:

»Peer-Feedback hilft den Schülern in mehrfacher Hinsicht. Wenn sie mehr schreiben, als die Lehrkraft korrigieren kann, erhalten sie Rückmeldungen von Kolleginnen und Kollegen. In der Rolle des Feedback-Gebenden lernen sie, fremde Texte kritisch zu betrachten. Mit der Zeit werden sie damit fähig, auch zu eigenen Texten eine kritische Distanz einzunehmen. Sie setzen das im Unterricht Gelernte permanent um. Kooperation und Kommunikation über die Cloud werden für sie zu einer Selbstverständlichkeit.«[60]

Peer-Feedback hilft dabei, zu einem prozessorientierten Verständnis von Textarbeit zu gelangen. Das ist gerade für Schülerinnen und Schüler wertvoll, die ihre erste Schreibsozialisation mit klassischer Aufsatzlehre durchlaufen haben.

Für wirksames Peer-Feedback helfen einige einfache Regeln:

1. Rückmeldungen auf Texte erfolgen mit einem klaren Auftrag. Es sind nicht beliebige Reaktionen, sondern spezifische. Denkbar ist auch, dass die Schreibenden den Feedback-Gebenden den Auftrag geben, ein auf bestimmte Schwerpunkte gerichtetes Feedback zu formulieren. (Ohne präzisen Auftrag droht die Gefahr, dass sich Feedback in vagem Lob erschöpft.)
2. Rückmeldungen müssen dokumentiert werden, sie sind Teil des Textprozesses. Mit Textverarbeitungsprogrammen ist es leicht möglich, Rückmeldungen in einer Version des Textes zu speichern.
3. Wird ein Schreibprozess bewertet, ist auch das Feedback Teil der Bewertung. Das Unterrichtssetting muss deutlich machen, dass Feedback wichtig ist und einen Wert hat. Nicht nur das Endprodukt wird der Lehrperson abgegeben, sondern auch weitere Versionen des Textes, die möglicherweise in digitalen Dateien auch enthalten sind.

60 Urs Henning (2013): »Peer-Feedbacks im Deutschunterricht«, web2-unterricht.blogspot.ch/2013/05/peer-feedbacks-im-deutschunterricht.html (Stand: 30. 4. 2020).

Konsequent reflektiert müssen Projektarbeiten nicht extern bewertet werden. Wer Projekte durchführt, holt automatisch Feedback ein und ist in der Lage, das Gelingen eines Projekts selbst zu beurteilen (oder es beurteilen zu lassen).

Ein solches Ideal lässt sich aufgrund rechtlicher Vorgaben an Schulen kaum umsetzen. Diese Vorgaben können Schreibaufgaben, wie sie in diesem Abschnitt beschrieben worden sind, unter Umständen ganz verunmöglichen – sofern sie etwa im Unterricht individuell geschriebene Klassenarbeiten oder zentral gestellte Aufgaben erfordern. Wer Deutschunterricht im Rahmen solcher rechtlichen Bedingungen zeitgemäß gestalten will, kann entsprechende Schreibaufgaben nur langsam digital erweitern und versuchen, so gut es geht, 4K-Aufgaben zu stellen. Weil sich die konkreten Vorschriften stark unterscheiden, kann das hier nicht im Detail beschrieben werden – Lehrkräfte müssen selbst kommunizieren, kreativ werden, kollaborieren und kritisch denken, wenn sie möglicherweise zu enge Rahmenvorgaben erweitern wollen. Stichworte wie Prozessorientierung, materialgestütztes Schreiben und Algorithmizität zeigen an, wo Schreibdidaktik und Kultur der Digitalität Potenziale bereithalten.

Wie aber bewertet man – unabhängig von einschränkenden Vorgaben – digitale Schreibprojekte sinnvoll? Die Qualität von Texten in digitalen Kontexten könnte mit ähnlichen Verfahren beurteilt werden, wie das bereits prä-digital möglich war. *MIT. Qualität* ist eine linguistische Forschungszusammenarbeit, welche die Frage nach der Bewertung der Textqualität von Texten in sozialen Medien beantworten soll. Im Herbst 2019 publizierte das Projekt ein Analysemodell, das auf dem Zürcher Textanalyseraster aufbaut und Kategorien zur Verfügung stellt, um auch im Unterricht die Qualität digital publizierter

Texte untersuchen zu können.[61] Das Raster wird hier nicht eingehend besprochen, weil für die Bewertung der im nächsten Teil dieses Buches vorgeschlagenen Unterrichtsreihen die isolierte Qualität einzelner Texte nicht ausschlaggebend ist.

Im Folgenden wird es nicht primär um die Qualität der entstandenen Texte gehen, sondern um die Qualität der durchgeführten Schreibprojekte und die dabei erworbenen Kompetenzen. Das ist die logische Konsequenz, wenn der Prozesscharakter des Schreibens und Zusammenarbeit an Bedeutung gewinnen. Die Bewertung darf nicht dahinter zurückfallen.

Ein erster Ansatz für eine Bewertungskultur, welche diese Vorgaben berücksichtigt, besteht darin, eine Selbsteinschätzung der Schreibenden mit einer Fremdeinschätzung der Lehrkraft zu vergleichen und daraus eine Bewertung abzuleiten. Sinnvoll ist, diese Beurteilung einerseits auf Projektziele abzustützen, welche zu Beginn des Schreibprojekts festgelegt werden. Die Schülerinnen und Schüler formulieren also Vorgaben, die sie im Projekt erreichen müssen – die Lehrkraft stellt sicher, dass diese Vorgaben gleichermaßen realistisch und herausfordernd sind. Neben diesen Vorgaben können andererseits auch Kriterien, die sich aus dem Lehrplan ableiten, für eine Beurteilung maßgebend sein.

Liegen Projektziele und Kriterien vor, können Selbst- und Fremdbeurteilungen kriteriengestützt vorgenommen werden. Abweichungen und Übereinstimmungen werden in einem Beurteilungsgespräch diskutiert, die Lehrkraft legt abschließend eine Note fest und berücksichtigt dabei die Wahrnehmung der Schülerinnen und Schüler.

61 Angelika Storrer (2019): »Ein Modell für die Bewertung von Textqualität in sozialen Medien«, *mitqualitaet.com/2019/10/15/ein-modell-fur-die-bewertung-von-textqualitat-in-sozialen-medien* (Stand: 30. 4. 2020).

Dieser Ansatz kann verbessert werden, indem der Fokus auf Kompetenzen liegt. Das lässt sich mit sogenannten Kompetenzrastern erreichen. Kompetenzraster sind im Wesentlichen eine Auflistung der im Projekt relevanten Kompetenzen, die dann von den Lernenden nachgewiesen werden. Kompetenznachweise sind in Bezug auf praxisbezogene Aufgaben sehr intuitiv: »Baue einen Instagram-Kanal zum Thema Literatur auf, der im Durchschnitt pro Bild 50 *Likes* erhält.« Ob jemand diese Aufgabe lösen kann und die damit verbundenen Kompetenzen hat, lässt sich leicht nachweisen – indem die lernende Person genau das tut, was die Aufgabe vorgibt. Der Kompetenznachweis besagt dann: »Ich kann das, weil ich es hier getan habe.«

Eine einfache Vorlage für die Übertragung von Kompetenznachweisen in schulische Situationen sind sogenannte Single-Point-Rubrics (SPRs, für ein Beispiel s. Abb. 6). Kompetenzen werden in den SPRs Zeile für Zeile eingetragen. Leere Felder ermöglichen es Lernenden, einzutragen, was ihnen noch bis zum Kompetenznachweis fehlt bzw. woran sich ablesen lässt, dass die Kompetenz vorhanden ist. Wichtig beim Einsatz solcher Formulare ist, dass Schülerinnen und Schüler die Kompetenzbeschreibungen genau verstehen und die Bewertung präzise erfolgt. Nachdem die Lernenden das Formular ausgefüllt haben, trägt die Lehrkraft ihre Beobachtungen und das Feedback mit einer anderen Farbe auf derselben SPR ein. Mittlerweile bieten auch Lernmanagementsysteme wie etwa *Teams* digitale Versionen solcher Rubrics an.

Priska Fuchs schlägt für eine Umrechnung in Noten vor, die Note »gut« (also 2) dann zu setzen, wenn alle Kompetenzen erreicht sind.[62] Abweichungen nach unten führen zu Notenab-

---

62 Vgl. Priska Fuchs (2016): »Hacking evaluation – mit Single Point Rubrics!«, *livinglearning.ch/?p=378* (Stand: 30. 4. 2020).

SPR Wissenschaftlicher Text

Deutsch W3e, Sommer/Herbst 2018

Die folgende Tabelle ist eine Single-Point-Rubric. Tragen Sie Folgendes ein:

- In der ersten Spalte: Woran sollten Sie noch arbeiten? Worauf müssen Sie besonders achten?
- In der zweiten Spalte: Woran zeigt sich, dass Sie diese Kompetenz erreicht haben? Wie lässt sich das für andere (für Lehrpersonen) erkennen?
- In der dritten Spalte: Was ist Ihnen besonders gut gelungen?

Erfolgskriterien	Was müssten Sie noch lernen?	Wo sieht man das?	Was ist besonders gut gelungen?
Ein geeignetes Thema für einen wissenschaftlichen Text im Themenfeld »Vertrag« finden.			
Effizient korrekte, wissenschaftliche und aktuelle Informationen recherchieren.			
Im Text in einen Dialog mit wissenschaftlicher Texten und Argumenten treten.			

Abb. 6: Evaluation einer Schreibaufgabe mit einer Single-Point-Rubric, eigenes Beispiel, erste Seite

zügen, Abweichungen nach oben zu Verbesserungen der Bewertung – abhängig von der Anzahl der festgelegten Kriterien. Fuchs schreibt bilanzierend über den Wert von SPR, sie eigneten sich besonders für Kontexte, bei denen »es einen kreativen Freiraum für die Lernenden gibt und bei komplexeren Projekten«.[63]

Damit lässt sich zusammenfassen, wie digitale Schreibprojekte bewertet werden können, sofern das die Rahmenbedingungen zulassen:

1. Mit den Schülerinnen und Schülern diskutieren, welche Kompetenzen beim Projekt gefördert oder sichtbar gemacht werden sollen.
2. Diese Kompetenzen schriftlich festhalten, z. B. in einem SPR-Formular oder in einer Checkliste.
3. Beim Projektstart wird eine Zielformulierung für das Projekt erstellt.
4. Jede Projektgruppe führt eine Selbstbeurteilung durch und bezieht sich dabei auf die Kompetenzbeschreibung aus 2. sowie auf die Ziele aus 3.
5. Die Lehrkraft führt eine Beurteilung durch und bezieht sich ebenso auf 2. und 3.
6. In einem Gespräch werden Selbst- und Fremdbeurteilung abgeglichen.
7. Die Lehrkraft benotet nach einem transparenten Verfahren die Leistung der Projektgruppe und berücksichtigt dabei ihre Selbstbeurteilung.

Diese Ausführungen machen deutlich, dass individuelle Noten in digitalen Schreibprojekten keine Priorität haben. Selbstverständlich lassen sich Kompetenzen auch individu-

---

63 Ebd.

ell erfassen und Projekte einzeln durchführen – aber gerade eine gehaltvolle Kollaboration führt zu Formen der Arbeitsteilung und Zusammenarbeit, bei der sich die Leistung der einzelnen beteiligten Person nicht herausrechnen lässt. Das müsste zumindest beteiligten Lehrkräften wie auch Schülerinnen und Schülern von Anfang an klar sein. Das liegt auch daran, dass die Prozesse eine größere Nähe zur realen späteren (Arbeits-)Welt haben: Eine Tageszeitung oder eine TV-Serie werden auch von vielen Personen geschrieben, geprüft, überarbeitet, korrigiert und publiziert. Diese Leistung lässt sich nicht einzelnen Personen zuordnen und wird außerhalb eines Scheinwettbewerbs erbracht, mit dem die Schule vorgibt, die Lernenden stünden in Konkurrenz zueinander.

Auch vermischen sich Hausaufgaben und Arbeit im Unterricht: Werden Schreibprojekte digital und prozessorientiert abgewickelt, lässt sich nicht verhindern, dass Schülerinnen und Schüler zu Hause weiterschreiben oder Texte überarbeiten. Wie bei der Kollaboration ist es aus einer pädagogischen Perspektive eigentlich kein Problem – schulrechtlich könnte es jedoch auch hier Einwände dagegen geben, dass bewertete Arbeiten zu Hause erledigt werden können.

Praktische Voraussetzungen digitaler Schreibprojekte

Bei digitalen Schreibprojekten gibt es besondere rechtliche und technische Rahmenbedingungen, die man im Blick haben muss.

Rechtliche Rahmenbedingungen

Dass das Internet kein rechtsfreier Raum ist, dürfte mittlerweile bekannt sein. Diese triviale Einsicht wird deshalb immer wieder erwähnt, weil die Affordanz der Netztechnologie es verhältnismäßig einfach macht, gegen bestimmte rechtliche Normen zu verstoßen: Heikle Bereiche sind insbesondere der Datenschutz sowie das Urheberrecht. Wer digitale Plattformen nutzt, kann hier schnell rechtliche Vorgaben missachten, besonders dann, wenn es um eine schulische Nutzung und eine »echte« Veröffentlichung im Netz geht.

Jede digitale Aktivität erzeugt Muster und damit Daten, die sich einer Person zuordnen lassen. Schon nur die Art, wie wir auf einer Tastatur tippen oder auf einen Touchscreen drücken, lässt Rückschlüsse darauf zu, wer wir sind. Zudem enthält jeder Text inhaltlich wie auch stilistisch eine große Menge an Daten, die theoretisch ausgewertet werden können.

Werden Texte von Schülerinnen und Schülern in der Schule verfasst, dann müssen sensible, insbesondere also personenbezogene Daten vor externem Zugriff geschützt werden. Dieser Schutz lässt sich maximal oder pragmatisch verstehen. Maximal bedeutet, dass digitale Textarbeit höchstens dann möglich ist, wenn die entsprechenden Geräte nie mit dem Internet verbunden werden. Denn IT-Laien können weder abschätzen, welche Daten in Zukunft wie ausgewertet werden können, noch überprüfen, welche Daten ein Gerät wie an Server im Netz überträgt. Maximaler Datenschutz verunmöglicht die Arbeit mit und im Netz.

Ein pragmatischer Datenschutz in Bezug auf schulische Schreibprozesse kann wie folgt umgesetzt werden:

- Es werden keine persönlichen Informationen (Bilder, Namen, Adressen, Noten etc.) im Netz gespeichert.
- Konten werden pseudonym und gemeinschaftlich genutzt.
- Die aktuell verfügbaren Schutzprogramme sind auf jedem benutzten Gerät installiert.
- Es wird darauf geachtet, mit Dienstleistern zu arbeiten, welche den rechtlichen Vorgaben genügen und sich insbesondere dem Landesrecht unterstellen.
- Werbung wird gemieden oder auch mit entsprechenden Tools unterdrückt, wenn das rechtlich möglich ist.

Diese Grundsätze müssen mit Schülerinnen und Schülern besprochen und diskutiert werden, bevor ein digitales Schreibprojekt begonnen wird. Es kann durchaus sein, dass sie nicht verstehen, weshalb sie ihre Namen nicht nennen oder Fotos voneinander nicht im Netz publizieren dürfen, weil sie das möglicherweise in ihrer privaten Mediennutzung tun.

Ein weiterer Bereich, in dem die schulische Verwendung digitaler Medien möglicherweise nicht mit der privaten kongruent ist, ist das Urheber- und Nutzungsrecht. Gerade Copy-Paste-Verfahren schaffen die Möglichkeit, mit wenigen Klicks gegen entsprechende Gesetze zu verstoßen. In digitalen Schreibprojekten muss hier ein Bewusstsein aufgebaut werden. Entscheidend ist die Schulung in zwei Aspekten:

1. Ein Verständnis dafür zu schaffen, was juristisch ein Kleinzitat ist: Ein kurzer Auszug aus einem Text, der als Zitat gekennzeichnet ist und für den Text, in den es übernommen wird, eine klare Funktion hat (Beleg oder Bestandteil eines im Wesentlichen eigenständigen Argumentationszusammenhangs).[64] Gerade materialgestützte Schreibaufgaben verlangen nach Zitaten – verführen aber gleichzeitig zu Plagiaten. Schülerinnen und Schüler müssen lernen, diese Grenze zu erkennen und bewusst zu ziehen.

2. Datenbanken zu nutzen, die zu Bildern und anderen Medieninhalten führen, die für schulische Projekte genutzt werden können. Sinnvoll ist hier die Orientierung an der Creative-Commons-Lizenz CC0. Diese Lizenz »macht es möglich, Inhalte so weiterzuverwenden, als wären sie bereits frei von Urheberrechten«.[65] Im Netz finden sich viele Bilder, Musikstücke und auch Videos, die so lizenziert sind und einen schulischen Umgang aus urheber- und nutzungsrechtlicher Sicht unproblematisch machen.

Lassen sich rechtliche Überlegungen in zwei einfache Maximen zusammenfassen – keine persönliche Daten ins Netz stellen, Inhalte nur verwenden, wenn es sich um kurze Zitate oder CC0-lizenzierte Materialien handelt –, so bedeutet das nicht, dass sich Lehrkräfte bei der Gestaltung digitaler Schreibprojekte nicht um die aktuell und lokal geltenden Gesetze kümmern müssten. Eine pragmatische Auseinandersetzung damit ist wichtig. Gespräche und Vernetzung mit anderen Lehrkräften helfen dabei.[66]

---

64 Vgl. § 51 (deutsches) UrhG, Nr. 2.

65 Henry Steinhau / David Pachali (2017): »Was ist CC0?«, *irights.info/artikel/was-ist-cc0/28750* (Stand: 30. 4. 2020).

66 Ein guter Ausgangspunkt ist ein Twitterprofil, mit dem man sich

Technische und wirtschaftliche Voraussetzungen

Unterricht, der regelmäßig und nachhaltig digitales Schreiben fördern will, ist darauf angewiesen, dass alle Schülerinnen und Schüler unkomplizierten Zugang zu einem digitalen Endgerät und zum Internet haben. Eine ideale Voraussetzung ist also entweder eine 1:1-Ausstattung, bei der die Schule einheitliche Geräte an die Lernenden abgibt, oder ein Bring-Your-Own-Device-Setting (BYOD), bei dem private Geräte verbindlich genutzt werden. Selbstverständlich muss WLAN-Zugang in den Unterrichtsräumen vorhanden sein, damit die Geräte auch online genutzt werden können. Zudem brauchen Schülerinnen und Schüler einen E-Mail- und einen Cloud-Account, um Dokumente verschicken und speichern zu können.

Diese Modelle sind aber längst noch nicht in allen Schulen angekommen. Deshalb sind auch Annäherungen denkbar:

- Arbeit ohne Netzzugang: Der Schreibprozess wird von Software unterstützt, findet aber ohne Anbindung ans Internet statt. Gelungene Endprodukte können gegebenenfalls am Schluss von der Lehrkraft online publiziert werden, z. B. auf der Website der Schule.
- Geschrieben wird in einem Computerraum oder mit einem Klassensatz mobiler Geräte, die an der Schule verfügbar sind. Es bedeutet einen gewissen Aufwand, die Reservierung für die Dauer des Schreibprojekts mit dem Unterricht zu koordinieren.
- Die Schülerinnen und Schüler können viele Schreibprojekte auch mit dem (privaten) Smartphone durchführen, soweit

leicht mit vielen Menschen aus dem Bildungsbereich vernetzen kann, die Interesse an Fragen der Kultur der Digitalität haben. Unter den Hashtags #twittlehrerzimmer oder #twlz findet man viele Beiträge von Lehrkräften, die sich digital vernetzen.

das an der Schule zulässig ist. Dabei ist aber der Netzzugang ein Problem – während in den Sekundarstufen fast alle Schülerinnen und Schüler über ein privates Smartphone verfügen, haben nicht alle Zugriff auf mobile Daten.

In den verschiedenen Schreibprojekten werden auch unterschiedliche Programme oder Tools erwähnt. Aktuell sind die meisten über ein Web-Interface im Browser zugänglich. Diese Niederschwelligkeit erlaubt es, unabhängig von Gerät oder Betriebssystem ein Angebot nutzen zu können. Allerdings arbeiten viele Anbieter mit sogenannten Freemium-Modellen: Eingeschränkte Nutzungsformen sind kostenlos zugänglich, um jedoch den kompletten Funktionsumfang verwenden zu können, muss ein Abo gelöst werden. Diese Abos haben ihren Preis. Aus diesem Grund beginnen Schulen, gemeinsame Konten bei solchen Diensten anzulegen, besonders bei *Padlet* (vgl. S. 80).[67] Das erwähnte Textverarbeitungsprogramm *iA Writer* (s. S. 27 f.) ist eine von wenigen Ausnahmen, die weiterhin nur als installierbares Programm angeboten werden, Auch hier können Kosten anfallen. Spezifische Programme sind aber für keine der in diesem Band vorgestellten Schreibumgebungen Bedingung.

Wer nach Voraussetzungen zeitgemäßer digitaler Arbeitsformen fragt, handelt verantwortungsbewusst und in der Logik des Systems Schule: Diejenigen Lern- und Lehrformen werden angeboten, die möglich und ohne Zusatzaufwand umzusetzen sind. Nötig ist es aber möglicherweise, darüber hinauszudenken, aus Überzeugung 4K-Settings anzubieten und gegebenenfalls festzustellen, dass die Bedingungen dafür nicht gegeben sind – mit dem Ziel, das System Schule zu verändern und den Anforderungen des 21. Jahrhunderts anzupassen.

67 Tobi Raue (2019): Tweet vom 4. Oktober 2019, *twitter.com/Tobi Raue/status/1180096628063162368?s=20* (Stand: 30. 4. 2020).

Typologie digitaler Schreibumgebungen

Digitale Formen des Schreibens unterscheiden sich von traditionellen: Es handelt sich um »veränderte[] Schreibanlässe[] und Schreibsituationen, die durch Eigenschaften und Funktionen der Kommunikationstechnologie ebenso beeinflusst werden wie durch soziale Aspekte«.[68] Nicht nur die Rezeption muss gelernt werden,[69] sondern auch der produktive Umgang damit.

Die folgende Typologie bietet eine Zusammenstellung der – auch für Schülerinnen und Schüler – relevantesten digitalen Schreibumgebungen, bettet sie in den aktuellen und historischen Kontext ein und zeigt konkrete schreibdidaktische Umsetzungen. Der Aufbau jedes Abschnitts ist identisch: Zunächst wird die jeweilige Schreibumgebung als Textsorte beschrieben und medienhistorisch eingeordnet, danach erfolgt eine schreibdidaktische Analyse und die Beschreibung eines konkreten Unterrichtsprojekts. Es schließen sich Hinweise für die technische Umsetzung an. Abschließend werden Beispiele vorgestellt.

Die Leserinnen und Leser dieses Bandes werden sicher auch eigene Ideen für produktive digitale Schreibanlässe finden und die hier formulierten Vorschläge ganz im Sinne der Kultur der Digitalität *re-mixen*: Viele der hier versammelten Ideen lassen sich kombinieren und erweitern.

---

68 Ulrike Krieg-Holz / Christian Schütte (2019): »Digitale Textsorten«. In: *ide – informationen zur deutschdidaktik*, 1/2019, S. 53–65, hier S. 53 f.

69 Vgl. dazu Philippe Wampfler / Axel Krommer (2019): »Lesen im digitalen Zeitalter«. In: *Seminar* 3/2019, S. 73–84.

Blogs

Blogs sind eine der ersten Anwendungen des digitalen Schreibens, die im Deutschunterricht aufgegriffen wurden. Deswegen haben sie aber nicht an Aktualität eingebüßt, im Gegenteil: Die Blogkultur lebt und eröffnet weiterhin vielfältige Publikations- und Schreibformen im Netz:

> »War der Weg zur Publikation ehemals einem sehr ausgewählten Kreis von Menschen vorbehalten oder auf Plakate, Flugblätter, Leserbriefe oder Graffiti u. ä. beschränkt, hat heute praktisch jede und jeder Schreibende durch das Web 2.0 die Möglichkeit, ihre oder seine Texte einer (mehr oder weniger) breiten Öffentlichkeit zu präsentieren. Sowohl diese Produktionsperspektive als auch der Fundus an solchermaßen zur Schau gestellten Texten, die zur Rezeption einladen, machen das Blogging damit auch für den Deutschunterricht zu einem faszinierenden Unterrichtsgegenstand und -medium.«[70]

Beschreibung und Geschichte

Der Begriff »Blog« ist ein sogenanntes Kofferwort: Es verbindet »Web« und »Log«, meint also ursprünglich ein ›Logbuch im Netz‹. In traditionellen Logbüchern auf Schiffen werden Messungen und andere wichtige Vorgänge in Tagebuchform verzeichnet. Die ersten Blogs oder auch Weblogs, die Mitte der

---

70 Kristina Koebe / Tilman von Brand (2018): »Das Verfassen von Weblogs im Deutschunterricht. Motivierendes und differenzierendes Arbeiten in einem vielversprechenden Format«. In: Steffen Gailberger / Frauke Wietzke (Hrsg.): *Deutschunterricht in einer digitalisierten Gesellschaft*. Weinheim: Beltz, S. 178–193, hier S. 178.

1990er Jahre entstanden, hatten meist auch Tagebuchcharakter. Ab dem Sommer 1996 bot etwa *cybertagebuch.de*, ein Projekt von Christiane Schulzki-Haddouti, die Möglichkeit, über eine E-Mail-Adresse Tagebucheinträge im Netz zu publizieren: »Heute war ich sehr aufgeregt, denn die Schule fing wieder an«, lautet der Beginn eines Eintrags einer »Christine« aus dem August 1996.[71]

Mit *Blogger*, *Wordpress* und *MySpace* entstanden kurz vor oder nach der Jahrtausendwende die ersten Plattformen, die eine Blog-Funktionalität anboten, also Textbeiträge chronologisch ordneten und mit einer Kommentarmöglichkeit versahen. Diese Vereinfachung erlaubte es, ohne technische Kenntnisse einen Blog zu führen. Schulzki-Haddouti musste für das Cybertagebuch Einsendungen manuell von E-Mails auf eine HTML-Seite übertragen. Plattformen boten Interfaces an, auf denen Texte direkt ins Netz geschrieben werden konnten.

In der Folge wurden Blogs populärer – und diversifizierten sich: Autorinnen und Autoren bloggen heute zu spezifischen Themenschwerpunkten, definieren ihre Blogs also etwa als Bücherblog, Foodblog, Reiseblog etc. Die Tagebuchform existiert weiterhin, hinzugekommen sind aber fast alle anderen denkbaren journalistischen Formen. Charakteristisch bleibt, dass die Texte in zeitlicher Reihenfolge geordnet werden. Sie laden durch Verlinkungen zudem zu einer nicht-linearen Lektüre ein und sind meist mit Bildern oder Videos illustriert, als intermediale Texte.

Journalistische Plattformen haben Blogs als Möglichkeit entdeckt, im Netz ein Publikum zu erreichen. Journalistinnen und Journalisten betreiben auf Zeitungsplattformen Blogs für ein bestimmtes Zielpublikum, mit der Absicht, dass Seiten oft auf-

---

71 *web.archive.org/web/20010226142417/http://www.cybertagebuch.de/sep.htm* (Stand: 6. 5. 2020).

gerufen werden, was für die Wahrnehmung der Marke und für das Ausspielen von Werbung wertvoll ist. Gleichzeitig grenzen sich aber Journalistinnen und Journalisten immer wieder von Blogs ab, denen der Ruf des Amateurhaften anhaftet. Gleichwohl sind Blogs eine Textsorte, mit der aktuelle Ereignisse und Entscheidungen auch in einem professionellen Kontext dokumentiert werden können. Neben statischen Texten auf Webseiten stehen sie für eine dynamische Entwicklung.

Schreibdidaktisches Potenzial

Blogtexte sind kurze, persönliche und polyfunktionale Texte, die in einem größeren Zusammenhang stehen können (dem ganzen Blog) und über Links mit anderen Texten verbunden sind. Zudem sind diese Texte halböffentlich und interaktionsorientiert. Sie sind so formuliert, dass sie im Netz gelesen und über soziale Netzwerke geteilt werden. Sie provozieren Reaktionen auf anderen Blogs (die mittels Trackback-Technologie am Ende des Beitrags aufgelistet werden) oder in den Kommentaren (die unter dem Beitrag platziert sind).

Daraus ergibt sich ihr Wert für den Schreibunterricht: Mit Blogtexten können Schülerinnen und Schüler schreibend größere Zusammenhänge erschließen, ohne lange Texte verfassen zu müssen. Das entlastet den Schreibprozess, da besonders Planung und Konzeption der Texte weniger komplex werden.[72]

Durch die persönliche Gestaltung der Texte lassen Blogtexte ein hohes Maß von Individualisierung zu: Von der Themenwahl bis zum gewählten Register können die Schreibenden eigenständig entscheiden, welche Formen und Inhalte ihnen

---

72 Beat Knaus beschreibt die schreibdidaktische Funktion von Blogs als »Inspirationstechnik«: Beat Knaus (2009): *Einfach schreiben.* Rothenburg: Verlag Fuchs, S. 31.

entsprechen. Dabei können sie sich auch an einer Reihe von Vorbildtexten und -Blogs im Netz orientieren.

Blogtexte werden gelesen und kommentiert. Ein gewinnbringender didaktischer Umgang mit dem Schreibarrangement sorgt dafür, dass zumindest andere Mitglieder der Klasse oder des Kurses mitlesen und Feedback geben. So ist es für die Schreibenden möglich, die Wirkung ihrer Textarbeit zu überprüfen und davon ausgehend in weiteren Blogtexten auf Rückmeldungen zu reagieren oder die Texte dahingehend zu überarbeiten, dass sie so gelesen werden, wie das beabsichtigt war.

Beim Einsatz von Blogs im Unterricht können zwei Haupttypen unterschieden werden:[73]

1. Klassen- oder Kursblogs: Im Rahmen einer Unterrichtseinheit wird ein Blog geführt, bei dem Schreibaufgaben auf Schülerinnen und Schüler verteilt werden. So könnte zum Beispiel als Begleitung zur Lektüre einer Ganzschrift ein gemeinsames Lektürejournal zu einem Roman entstehen, zu dem alle Schülerinnen und Schüler einen Beitrag leisten, indem sie Inhaltsangaben schreiben, Figuren charakterisieren, Deutungs- und Analyseansätze formulieren und persönliche Leseeindrücke schildern. Als Resultat entsteht eine Sammlung der verschiedenen Perspektiven und Diskussionen zum Text, der für eine weitere Klasse, die den Text liest, auch einen Nutzen hat. Zu Herrndorfs Roman *Tschick* finden sich einige Beispiele im Netz, z. B. *tschick-klasse9a. blogspot.com*.

2. Persönliche Blogs: Jede Schülerin und jeder Schüler führt einen eigenen, individuellen Blog. Damit kann er oder sie genauso ein Lektürejournal führen, wie das in der erstgenannten Variante im Klassenverband geschieht, aber auch ein

---

73 Vgl. dazu Wampfler (s. Anm. 52), S. 109 ff.

Hobby dokumentieren, eine Erzählung konzipieren, eine Persönlichkeit vorstellen oder ein Sachthema darstellen.

Während Klassen- oder Kursblogs viel Koordination erfordern, um das Gemeinschaftsprojekt zu planen und zu strukturieren, ist bei persönlichen Blogs der Aufwand und die Verantwortung für alle Lernenden deutlich größer, weil sie mehr schreiben und auch die technische Umsetzung meistern müssen.

Verlaufsplan einer Unterrichtseinheit

Das Ziel der im folgenden beschriebenen Einheit besteht darin, dass die Schülerinnen und Schüler im Unterricht während mehrerer Wochen individuell einen Blog führen. Dabei erkunden sie eigenständig ein Thema und verfassen sowie publizieren dazu eine Reihe von Texten, die technisch (über den Blog an sich) und inhaltlich gerahmt sein sollen.

Stunden 1–4: Einführung

Die Lehrkraft führt ins Thema ein. Dazu gehören begriffliche und definitorische Überlegungen (Was bedeutet das Wort Blog? Was ist ein Blog, was ist kein Blog?),[74] wichtiger ist aber die Lektüre von Blogtexten aus unterschiedlichen Blogs. Dieser induktive Zugang ist entscheidend, um einen Austausch in der Klasse anzustoßen, im Rahmen dessen Fragen entstehen, die zeigen, wie sich ihr Vorwissen zur Textsorte mit dem Schreibauftrag verbinden lässt. In der Auseinandersetzung mit den Beispiel-Texten erarbeiten die Schülerinnen und Schüler auch die relevanten Merkmale der Textsorte:

74 Vgl. dazu auch Koebe / von Brand (s. Anm. 70), S. 179 f.

- ansprechender Titel, der auch beim Teilen in sozialen Netzwerken Aufmerksamkeit auf sich zieht
- direkte Einbindung von anderen Medienformen (Bilder, Videos, Töne, Social-Media-Inhalte etc.)
- kurze Texte, die beim Surfen lesbar sind, aber Erfahrungen und Argumentationen nachvollziehbar präsentieren
- Lerneffekt für Leserinnen und Leser
- Fragen, Thesen oder Provokation beziehen das Publikum mit ein
- direkte, originelle und freche Sprache – aber formal korrekt und klar
- Links auf Quellenangaben
- persönliche Komponente (eine Erfahrung, eine Meinung, eine Stellungnahme etc.)

Stunde 5: Auftrag

Nachdem exemplarisch und theoretisch etabliert ist, was ein Blog ist, erhält die Klasse den konkreten Auftrag. Dieser Auftrag muss eine Reihe von Kriterien abdecken:

1. Wie funktioniert das Blogprojekt technisch (vgl. dazu den nächsten Abschnitt)?
2. Welche Ziele werden mit dem Blogprojekt verfolgt?
3. Welche Anforderungen gibt es für einzelne Blogposts und für den Rahmen, der die einzelnen Texte zusammenhält (also den Blog an sich)?
4. Wie ist der Schreibprozess zeitlich strukturiert?
5. Wie findet Peer-Feedback statt? Idealerweise gibt es hier auch einen Auftrag für das Schreiben von Kommentaren.
6. Wie wird der Schreibprozess (oder – im schlechteren Fall – das Produkt) bewertet?

Stunde 6: Planung des Schreibprozesses

Die Planung aus der Sicht der Schülerinnen und Schüler ist aus zwei Gründen entscheidend: Erstens klärt sich in dieser Phase, ob sie die theoretische Einführung wie auch den Auftrag verstanden haben, zweitens können sie durch eine geschickte Planung Schwierigkeiten ausräumen, die im Prozess auftauchen könnten. Koebe / von Brand schreiben dazu:

>»Im Idealfall hat die analytische Arbeit [...] bereits gezeigt, dass konzeptionelle Überlegungen im Vorfeld dennoch hilfreich [...] sind. Die Lehrperson kann diesem Prozess erneut mit Textplanungshilfen in Form zu klärender Fragen weiterhelfen, die die Lernenden darum bitten, die Art der Themenentfaltung zu durchdenken (z.B. »Willst Du mit Deinem Text andere überzeugen, zur Diskussion ermuntern oder informieren?«), zentrale Kommunikationsabsicht, Zielgruppe und stilistische Erwartungen zu benennen und sich zur Frage nach konzeptioneller Schriftlichkeit bzw. Mündlichkeit zu positionieren.«[75]

Stunden 8–10: Erste Schreibphase

In diesem Zeitraum schreiben die Schülerinnen und Schüler frei im Rahmen der Vorgaben.

Stunde 11: Feedback der Lehrkraft

Die Lehrkraft stellt der Klasse einige Beispiele aus den Blogs vor und kommentiert sie. Sie stellt so sicher, dass sich alle noch an den Auftrag und die Rahmenbedingungen des Projekts erinnern, drückt aber auch Wertschätzung für die geleistete Arbeit aus.

75 Ebd., S. 188.

Stunden 12 ff.: Zweite Schreibphase

Die Länge dieser Schreibphase hängt vom Umfang des Projekts ab. Sie kann auch außerhalb des Präsenzunterrichts angesetzt sein.

Abschlussstunden: Bewertung und Feedback

Ähnlich wie in Stunde 11 zeigt die Lehrkraft, was die Klasse geleistet hat, und verschafft ausgewählten Beispielen zusätzliche Aufmerksamkeit. Gleichzeitig wird aber auch die Bewertung erklärt.

In diesen Stunden ist es auch denkbar, eine weiterführende Publikation der Arbeit (etwa auf der Website der Schule, auf der Seite einer Regionalzeitung etc.) zu planen.[76]

Technische Umsetzung

Für Blogs gibt es eine Reihe von Plattformen. Zwei seien hier exemplarisch erwähnt, weil sie sich in der schulischen Arbeit bewährt haben: *Telegra.ph* ist ein minimalistisches Blogtool, das die Publikation einzelner Beiträge ermöglicht, aber weder Login noch Installation erfordert. Es eignet sich besonders für erste Versuche mit dem Format, nicht aber für längerfristige Arbeit, da die Links zu den einzelnen Beiträgen ohne Konto schwer zu verwalten sind.

Wordpress ist eine Freemium-Plattform, die ihr Geld mit dem Verkauf von Dienstleistungen verdient, welche die Blognutzung angenehmer machen. Auf *wordpress.com* können Blogs auch gehostet werden, d. h. die Schule braucht keine eigenen Server. Allerdings ergeben sich dabei eine Reihe von Datenschutzfragen, die nicht ganz einfach zu beantworten sind. Deshalb bietet es sich an, auf einem geeigneten Server eine

---

76 Ein Beispiel eines so publizierten Blogprojekts findet sich unter *www.badenertagblatt.ch/dossier/die%20kanti-kolumne* (Stand: 6. 5. 2020).

Wordpress-Installation von *de.wordpress.org* selbst zu hosten. Das erfordert wenige technische Kenntnisse und kann ggf. mit dem für IT-Fragen an der Schule Zuständigen leicht durchgeführt werden. Anleitungen auch für Anfänger finden sich vielfach im Netz.[77] *Wordpress* ist benutzerfreundlich und intuitiv – das Tool fühlt sich wie ein Textverarbeitungsprogramm an.

Wordpress (*wordpress.com / de.wordpress.org*)

- Blog-Plattform für eigene Blog-Projekte, leicht einzurichten
- eignet sich für persönliche und Kurs-Blogs
- Bei nicht selbst gehosteten Installationen kann es datenschutzrechtliche Probleme geben.

Beispiele

Im Netz findet sich eine große Zahl an Blogs von Schülerinnen und Schülern. Hier eine kleine Auswahl interessanter Beispiele:

- *schulerinerklart.wordpress.com* (Blog einer ägyptischen Schülerin auf Deutsch)
- *poetikmehr.wordpress.com* (Blog einer Schülerin zu philosophischen Fragen)
- *jugendsprache.phwa.ch* (gemeinschaftlicher Blog, auf dem Jugendliche Ausdrücke aus der lokalen Zürcher Jugendsprache so erklären, dass Erwachsene sie verstehen)
- *herkunft.phwa.ch* (Klassenblog zur Lektüre von *Herkunft* von Saša Stanišić)

77 Empfehlenswert sind etwa *elbnetz.com/anleitung-wordpress-installation* oder *lehrerfortbildung-bw.de/st_digital/medienwerkstatt/internet/cms/wordpress* (Stand: 6.5.2020).

Kollaborative Schreibumgebungen

Kollaboration ist ein zentraler Fokus bei Bildungsangeboten in einer Kultur der Digitalität. Deshalb ist die Möglichkeit, gemeinsam Texte zu produzieren, auch eine der elementaren Bedingungen digitalen Schreibens: Hier wird sichtbar, was sich mit dem Aufkommen der Netzkommunikation radikal geändert hat. Eine leere Seite im Netz ist mehr als das Blatt Papier, das vor einem liegt, weil viele andere Menschen dazu eingeladen werden können, miteinander sie gleichzeitig zu beschreiben. In Arbeitsumgebungen lässt sich gut nachvollziehen, welche Organisationen dieses Potenzial berücksichtigen: Werden Mails mit Textdokumenten als Anhang verschickt, ist noch kein Verständnis von kollaborativem Schreiben vorhanden, weil in diesem Fall mit digitaler Technik nicht-digitale Schreibverfahren nur nachgeahmt werden und eine Mail dann scheinbar wie ein Brief funktioniert.

Im Fokus der folgenden Ausführungen stehen zwei niederschwellige Anwendungen: Etherpads und Padlets. Diese ermöglichen einen Einstieg in die Thematik und sind technisch einfach zu handhaben. Wer sie beherrscht, kann leicht komplexere Schreibprojekte mit leistungsfähigeren Werkzeugen planen. Insbesondere Blogs eignen sich ebenfalls für Schreibzusammenarbeit.

Beschreibung und Geschichte

Im Januar 2001 startete das *Wikipedia*-Projekt, im Frühling desselben Jahres auch in einer deutschsprachigen Version. Das Projekt beruft sich auf die Enzyklopädie von Diderot und d'Alembert, also auf den Versuch, mit fast 150 Autoren das gesamte Wissen des 18. Jahrhunderts zu erfassen.

Wikipedia verhalf kollaborativem Schreiben im Netz zum

Durchbruch, weil eine robuste Software und ein stabiler Prozess zur Verfügung standen, um praktisch beliebig große Schreibarbeiten zwischen Unbekannten aufzuteilen. *Wikipedia* ist aber weder im Netz noch in der Kulturgeschichte der Anfang gemeinschaftlichen Schreibens. Vielmehr steht es symbolisch für die Leistungen, die teilweise anonym Schreibende im Netz kollaborativ erbringen können. *Wikipedia* hat kommerzielle Lexika vom Markt verdrängt: einerseits, weil es eine offene und frei zugängliche Enzyklopädie ist, die sich auch mobil einfach nutzen lässt, andererseits weil die Qualität und Aktualität vieler Beiträge das übertrafen, was Verlage in diesem Segment anbieten konnten.

Zeigt *Wikipedia* das Potenzial kollaborativer Schreibprozesse im Netz, so lässt sich an ihr auch die Fragilität solcher Formen der Zusammenarbeit ablesen: Aktuell werden rund 80 % der Beiträge von nur einem Prozent der User geschrieben. Von diesen Beitragenden sind weniger als 10 % weiblich. Das Wissen, das *Wikipedia* so abbildet, hängt also von einer kleinen Gruppe ab, die zudem ganz bestimmte Perspektiven aufweist und dadurch die Artikel verzerrt.[78]

Parallel zu *Wikipedia* hat sich eine ganze Palette kollaborativer Schreibprojekte im Netz entwickelt. Befördert wurde diese Entwicklung durch die Verbreitung von *Google Docs*. Seit 2010 ist diese Textverarbeitungssoftware auf gemeinsame Schreibprozesse hin ausgerichtet: Dokumente werden in einer Cloud bearbeitet. Sie müssen nicht verschickt oder publiziert werden, damit andere Personen gleichzeitig daran mitschreiben können. Diese Affordanz von *Google Docs* haben andere Textverarbeitungsprogramme, insbesondere *Microsoft Word*, mittlerweile ebenfalls integriert.

---

78 »Zu wenige Frauen: Wieso Wikipedia ein Geschlechter-Problem hat«, *www.derstandard.at/story/2000108342081/zu-wenige-frauen-wieso-wikipedia-ein-geschlechterproblem-hat* (Stand: 6. 5. 2020).

Das Vorbild von *Wikipedia* und die technische Umsetzung von *Google Docs* haben viele kollaborative Projekte möglich gemacht. Ein herausragendes Beispiel sei hier stellvertretend erwähnt: Der Sachbuchautor Eli Pariser hatte 2016 in einem Tweet dazu aufgerufen, gemeinsam mit ihm darüber nachzudenken, wie *Facebook* mit False News, also Desinformation, umgehen könnte.[79] Er hatte dafür ein *Google-Docs*-Dokument eröffnet, das in kurzer Zeit zu einem Buch heranwuchs.[80] Kollaborative Textdokumente sind zeitgemäße Arbeitsformen, um über aktuelle Themen nachzudenken und andere Personen zum Mitdenken einzuladen.

Im Folgenden stehen wie erwähnt zwei einfache Einstiegswerkzeuge im Mittelpunkt, die kollaboratives Schreiben in der Schule zugänglich machen:

- *Etherpads* sind schlichte Textdokumente, die ohne Login und ohne Verarbeitung von Nutzerdaten im Netz zur Zusammenarbeit genutzt werden können. Für den Bildungsbereich im deutschsprachigen Raum eignen sich besonders *zumpad.zum.de* und *yopad.eu*, die sehr einfach und übersichtlich gehalten und gerade deshalb vielfältig einsetzbar sind.
- *Padlet* ist eine kollaborative Pinnwand, eine Art digitaler Wandtafel, die aber von allen mit dem Zugang gleichzeitig beschrieben werden kann. Wie bei Etherpads handelt es sich um eine einfache Grundidee, die deshalb leicht in unterschiedlichen Kontexten eingesetzt werden kann.

79 Eli Pariser, Tweet vom 17. November 2016, *twitter.com/elipariser/ status/799311213096112128* (Stand: 6. 5. 2020).
80 Eli Pariser (Hrsg.) (2016): »Media ReDesign: The New Realities«, *docs.google.com/document/d/1OPghC4ra6QLhaHhW8QvPJRMK GEXT7KaZtG_7s5-UQrw* (20. 10. 2019).

> **Padlet (de.padlet.com)**
> - kollaborativ benutzbare digitale Wandtafel
> - kommerziell, in der Grundversion kostenlos

Schreibdidaktisches Potenzial

Nele Hirsch erklärt das Potenzial kollaborativer Textwerkzeuge mit ihren breiten Einsatzmöglichkeiten und den damit verbundenen Lernprozessen:

> »Sie sind unwahrscheinlich vielfältig einsetzbar, lassen mit Kollaboration genau die Kompetenz entwickeln, die für zeitgemäße Bildung zentral ist und sind technisch absolut unkompliziert und mit einem Klick eingerichtet.«[81]

Entscheidend ist, dass Lernende in der Zusammenarbeit und gemeinsamen Planung von Schreibprozessen voneinander lernen, weil andere auf ihre Schreibarbeiten angewiesen sind und sie ins Gespräch über die Qualität von Texten und Schreibprozessen kommen. Afra Sturm weist in ihrer Übersicht über Formen und Didaktisierungen in Bezug auf »kooperatives Schreiben« darauf hin, dass »authentische Situationen«[82] entstünden, weil die Texte schreibend gelesen und lesend weitergeschrieben werden. Das ist der Kern des schreibdidaktischen Potenzials kollaborativer Schreibarrangements.

---

81 Nele Hirsch (2019): »Tools und Ideen zum kollaborativen Schreiben«, *ebildungslabor.de/blog/padmethoden* (Stand: 6. 5. 2020).

82 Afra Sturm (2008): »Kooperatives Schreiben – eine grundlegende Fertigkeit«, *www.schreiben.zentrumlesen.ch/myUploadData/files/zlrundschreiben_nr15_kooperatives-schreiben.pdf* (Stand: 6. 5. 2020).

Hofer/Kauffmann haben etwa in *Neue Medien – neuer Unterricht?* ein ganzes Kapitel mit Ideen vorgestellt[83], darunter auch das »Kettenbrief«-Konzept, das so aufgebaut ist: Drei Schülerinnen oder Schüler schreiben gemeinsam drei Texte. In einer ersten Phase schreiben sie fünf Minuten zu einem von der Lehrkraft vorgegebenen Stichwort – rein assoziativ und unstrukturiert. In einer zweiten Phase reichen sie die Texte weiter und überarbeiten sie dann so, dass ein kohärenter Text mit einer Struktur entsteht. Die letzte Arbeitsphase führt dann zu einem formatierten, gelayouteten Text.[84]

Für die ersten beiden Arbeitsphasen eignen sich Etherpads, weil sie keine Aufforderung zum perfekten Layout ausstrahlen, sondern reine Textarbeit erfordern. Die Weiterbearbeitung dieser Texte ist schreibdidaktisch deshalb interessant, weil Veränderungen sichtbar gemacht werden können.

Diese Dokumentation von Veränderungen am Text, die auch erlaubt, jede Veränderung wieder rückgängig zu machen, erleichtert das prozessbezogene Arbeiten im Umgang mit kollaborativen Dokumenten. Das zeigt auch die »Kettenbrief«-Unterrichtsidee.

Löst man sich aus diesem Phasenmodell, so lässt sich an einem für alle nützlichen Text die arbeitsteilige Arbeit an Texten einüben. Hier bieten sich zunächst Sammlungen an: Eine Klasse sammelt Ideen für eine nächste Klassenlektüre. Alle machen in einem gemeinsamen Dokument einen Vorschlag, den sie kurz bewerben. Mitlesen und schreiben ist gleichzeitig möglich. Oder: Vor einer Prüfung notieren alle Schülerinnen und Schüler eine aus ihrer Sicht denkbare Prüfungsfrage in einem geteilten Etherpad. Alle können sich damit vorbereiten und mussten schon aktiv den Lernstoff aufbereiten.

83 Hofer/Kauffmann (s. Anm. 19), S. 176–182.
84 Ebd., S. 176 f.

Abb. 7: Hervorhebungen in einem *Zumpad*-Dokument, die die Bearbeitung eines Schülers bzw. einer Schülerin sichtbar machen

Gemeinsame Notizen, Skripte, Spickzettel oder digitale Arbeitsblätter erlauben erweiterte Einsatzformen von Etherpads.[85] Die grundsätzliche Idee besteht darin, Texte, die parallel einzeln geschrieben würden, gemeinsam zu schreiben. Sie stehen dann allen zur Verfügung. Betrachten lässt sich das am Beispiel von Notizen: Während in Schulstunden im Idealfall alle Schülerinnen und Schüler für sich Notizen erstellen, könnten Etherpad-Notizen verschiedene Perspektiven enthalten und die Arbeit für alle Beteiligten erleichtern.[86]

Natürlich ergeben sich dabei didaktische Probleme: Wie geht man mit dem sogenannten »Free-Riding« um, also der Haltung, andere für sich arbeiten zu lassen? Was können Schülerinnen und Schüler leisten, die weniger schnell schreiben oder mitdenken können? Wer sichert die Qualität eines gemeinsamen Schreibproduktes? Solche Fragen müssen in der

---

85 Für eine umfassende Diskussion dieser Prozesse vgl. Wampfler
(s. Anm. 52), S. 104–110.
86 Für Notizen eignet sich besonders auch *OneNote* von Microsoft,
worin gemeinsame und einzelne Ebenen zur Verfügung stehen.
Notizen können dabei also entweder für die ganze Lerngruppe
festgehalten werden oder nur für die notierende Person.

konkreten Umsetzung und bei ihrer Reflexion beantwortet werden. Es empfiehlt sich, in überschaubaren Kleingruppen und in Versuchsphasen solche Prozesse zu erproben, also etwa in Dreiergruppen, die gemeinsam Notizen machen sollen und dann diskutieren, ob das besser oder weniger gut klappte, als wenn sie alle einzeln mitgeschrieben hätten.

Sind solche Prozesse eingeübt, können sie auf andere Textsorten erweitert werden, zum Beispiel auf Spickzettel, Skripte oder Arbeitsblätter.[87] Ein Beispiel dafür sind digitale Arbeitsblätter. Die grundsätzliche schreibdidaktische Konzeption geht dabei wiederum von der Redundanz aus: Arbeitsblätter werden oft parallel ausgefüllt. Im Netz kann diese Arbeit in eine Kollaboration überführt werden.[88] Damit sind auch neue Aufgabentypen möglich, wie etwa Sammlungen von Zitaten aus einer Ganzschrift, ein Vergleich unterschiedlicher Perspektiven und Meinungen oder die parallele Darstellung verschiedener Lösungswege zu einem Problem. Diese Arbeitsformen sind erweiterbar bis hin zur gemeinsamen Niederschrift und Überarbeitung einer Texterörterung.

Verlaufsplan einer Unterrichtseinheit

Die hier vorgeschlagene Unterrichtseinheit sieht vor, einen argumentativen Text in Gruppen kollaborativ schreiben zu lassen. Dafür wird eine Fragestellung, wie sie in »Jugend debattiert«-Formaten genutzt wird, als Thema vorgegeben (denkbar ist auch, dass die Gruppen aus verschiedenen Fragestellungen

---

87 Christof Arn beschreibt ausführlich, welchen Wert gemeinsam gestaltete Wissensspeicher im heutigen Lernumfeld haben können: Ch. A. (2016): *Agile Hochschuldidaktik*. Weinheim/Basel: Beltz Juventa, besonders S. 126 ff.

88 Ausführlichere Beschreibungen des Autors finden sich unter *phwa. ch/digiab* und in Wampfler (s. Anm. 52), S. 107 ff.

auswählen können): Es handelt sich um Entscheidungsfragen, die auf konkrete politische Regelungen oder Maßnahmen bezogen sind, z.B.: »Soll industrielle Massentierhaltung verboten werden?«

Das Ziel der Einheit besteht darin, solche Entscheidungsfragen in einem argumentativen Text nachvollziehbar und sachlich zu beantworten, indem alle relevanten Aspekte einbezogen werden.

Stunde 1: Einführung

Die Lehrkraft führt ins Thema ein, erklärt das Ziel und beschreibt das Vorgehen. Eine kurze Repetition zum Thema Argumentieren bietet sich ebenfalls an.

Es werden Vierergruppen gebildet, die eine Fragestellung zugeteilt oder zugelost erhalten bzw. sie aussuchen können.

Stunde 2: Recherche

Die Gruppen teilen sich in zwei Pro- und zwei Kontrastimmen auf. Sie recherchieren im Netz nach Meinungsartikeln und Fakten zum Thema. Die Lehrkraft stellt davor ein Verzeichnis mit zugänglichen Ressourcen im Netz bereit, beispielsweise Zeitungsarchive, zu denen die Schule Zugang hat.

Stunde 3: Digitale Debatte auf kialo-edu.com

Die Gruppen notieren auf *Kialo* Argumente. Das Tool bietet ein einfaches Schema, um Argumente entfalten und differenzieren zu können. Wichtig ist hier der Auftrag, dass die in der Stunde 2 gefundenen Quellen bei *Kialo* verwendet werden sollen: Denkbar ist es, in einem ersten Schritt nur Zitate mit Quellenangaben einzufügen, um die Recherche effizient zu machen.

Kialo (kialo-edu.com)

- Online-Plattform für Pro-und-Kontra-Diskussionen mit Beurteilungsmöglichkeit der Argumente und Abstimmungsmöglichkeiten
- kollaborativ verwendbar: Es können mehrere Lernende gleichzeitig Argumente eintragen.

Stunde 4: Einleitung

Die Lehrkraft repetiert wesentliche Anforderungen an eine Einleitung eines argumentativen Textes. Die Gruppen verfassen die Einleitung kollaborativ in einem Etherpad-Dokument. Eine Aufteilung wie beim Kettenbrief-Beispiel (s. S. 81 f.) ist möglich.

Stunde 5: Die Argumente

Jede Schülerin und jeder Schüler ist für jeweils zwei Argumente zuständig. Diese Aufteilung handelt die Gruppe unter sich aus: Die erste Aufgabe besteht darin, unter allen Pro- und Kontraargumenten auf *Kialo* (Stunde 3) acht relevante Argumente auszuwählen und sie aufzuteilen.

Die Argumente werden nun einzeln ausformuliert. Diese Texte werden wiederum in Etherpads gesammelt und in einem zweiten Schritt mit Peer-Feedback kritisch überarbeitet. Die Lehrkraft stellt dafür einen Kriterienkatalog zur Verfügung.

Stunde 6: Aufbau

Die Gruppen entscheiden sich für eine Ordnung der Argumente, kopieren sie mit der Einleitung ins Etherpad und formulieren arbeitsteilig Übergänge zwischen den einzelnen Teilen.

Stunde 7: Abschluss

Die Hälfte der Gruppe formuliert das Fazit des Textes, während die andere Hälfte den Text formal überarbeitet, redigiert und um 20 % kürzt. Erfahrungsgemäß können so Redundanzen und Füllwörter leicht entfernt werden. Es empfiehlt sich, dafür Tools wie *Duden Mentor* (s. S. 47) oder *Schreiblabor.com/ textanalyse* zu nutzen.

Schreiblabor.com/textanalyse
- kostenlose Online-Plattform für Textprüfung
- Sprachliche und stilistische Eigenheiten wie Satzlänge, Phrasen, Füllwörter werden identifiziert und im Text farbig hervorgehoben.

Stunde 8: Gruppen-Feedback

Jede Gruppe liest zwei Texte von anderen Gruppen, diskutiert sie und gibt eine fokussierte Rückmeldung. Auch dafür stellt die Lehrkraft einen Frage- oder Kriterienkatalog bereit.

Stunde 9: Überarbeitung, Selbsteinschätzung und Reflexion

Die Gruppen überarbeiten ihre Texte aufgrund des Feedbacks und schätzen ihre Schreibleistung ein. Zudem verfassen alle Schülerinnen und Schüler eine kurze Reflexion zum gemeinsamen Schreibprozess.

Diese Einheit ist gedehnt: Ein Text kann auch in kürzerer Zeit geschrieben werden. Gerade weil aber Gruppenprozesse Raum für Reflexion und Fehler brauchen, dürfte Geduld besonders beim ersten Mal den Lernerfolg steigern.

Technische Umsetzung

Die Schülerinnen und Schüler arbeiten mit Tastaturgeräten, um schnell schreiben zu können. Sie verwenden einen Etherpad-Dienst im Netz: *zumpad.zum.de* und *yopad.eu*; *board.net* ergänzt dieselbe Technologie mit Bildern, *cryptpad.fr* bietet mehr Formatierungsmöglichkeiten und Komfort, und mit *hackmd.io* steht auch ein Etherpad zur Verfügung, mit dem komplexe Dokumente mit Bildern und Formeln gestaltet werden können. Schulserver wie etwa *IServ* in Niedersachsen bieten integrierte Etherpads an, die nach Landesrecht datenschutzkonform sind und administriert werden können. Technische Einführungen zu Etherpads finden sich im Netz.[89]

Falls solche Dienste nicht verfügbar sind, empfiehlt es sich, die Tools ohne Login und mit Pseudonymen zu verwenden. In den Texten sollen keine persönlichen Angaben wie Namen oder Adressen stehen, auch der Name der Schule gehört nicht in ein solches Dokument.

Beispiel

Das Beispiel in Abb. 8 erweitert die bereits diskutierte Vorgehensweise. Unter *phwa.ch/kafkagleichnisse* findet sich eine Textinterpretation, die eine Klasse gemeinsam geschrieben hat. Im Dokument werden zuerst grundsätzliche Funktionen der Schreibumgebung erklärt, danach wird der Text zitiert. Die Lerngruppe diskutiert in Kommentaren auch über den Text bzw. bestimmte Formulierungen. Diese Backchannel-Funkti-

---

89 Zu empfehlen ist dieser Guide von ZUM Internet e. V. (2019): »15 Unterrichtsideen für digitales Arbeiten mit der ZUM«, *www.zum.de/portal/blog/ZUMTeam/15-Unterrichtsideen-für-digitales- Arbeiten-mit-der-ZUM-2-Kollaborativ-Texte-erstellen* (Stand: 6. 5. 2020).

2. Gleichnis oder Parabel?

Wie schon angedeutet ist Kafkas Erzählung *Von den Gleichnissen* paradoxerweise kein Gleichnis, sondern eine Parabel. Doch wo genau liegen die Unterschiede? Eine Parabel ist ein lehrreicher Text, der jedoch nicht explizit Wissen oder Ideen vermittelt, sondern diese verschlüsselt wiedergibt. Dabei ist es am Leser diese zu entschlüsseln und einen tieferen Sinn zu finden. Als Beispiel kann die Ringparabel von Lessing zugezogen werden: Der Ring, der Vater und die Söhne sind Symbole. Man kann sie folgendermaßen interpretieren: Der Vater steht für Gott, die drei Söhne repräsentieren die drei monotheistischen Religionen und der originale Ring steht für die Wahrheit. Allerdings ist das nur eine Interpretation, über die diskutiert werden kann, weil klare Entsprechungen zwischen der Bildebene (Symbolen) und der Sachebene (Deutung der Symbole) fehlen. Bei jeder Deutung eines Symbols gibt es Passagen innerhalb der gleichen Erzählung, bei der diese Deutung auf Grenzen stößt und keinen Sinn mehr ergibt. Darin unterscheidet sich das Gleichnis von der Parabel. Denn bei einem Gleichnis ist eine klare Entsprechung (so genanntes *tertium comparationis*) ersichtlich. In unserem Falle von den Gleichnissen fehlt aber eine solche Entsprechung, woraus wir schliessen, dass es sich um eine Parabel handelt. Am Text lässt sich konkret zeigen, wo diese Entsprechung scheitert: Im Anfangsteil gelten »die Worte der Weisen« ja

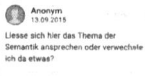

Anonym
13.09.2015

Liesse sich hier das Thema der Semantik ansprechen oder verwechsle ich da etwas?

Anonym
13.09.2015

Bzw. ist damit bereits Semantik gemeint?

Philippa Wernpfler

¹ Dazu muss angemerkt werden, dass dieser Titel nicht von Kafka selbst gesetzt wurde, sondern von Max Brod. Vgl. z. B. Allemanns Korrekturanmerkung zu seinem Aufsatz von 1985 in *Zeit und*

Abb. 8: Digitales Arbeitsblatt zu einer Texterörterung, *phwa.ch/ kafkagleichnisse*

on, also die Möglichkeit, neben der Arbeit am Text auch *über* den Text sprechen zu können, ist eine weitere Qualität kollaborativer Texttools, die in Etherpads aber nur eingeschränkt zur Verfügung steht.

Schreiben in sozialen Netzwerken

Caroline Calloway ist eine Kunsthistorikerin aus New York, die als Influencerin Bekanntheit erlangte, weil sie bei der Durchführung großer Veranstaltungen scheiterte – und die (misslungene) Planung minutiös auf Instagram dokumentiert hatte.[90] Calloway nutzt ihr *Instagram*-Profil als eine Plattform, um Texte zu publizieren. Im September 2019 erschien im On-

90 Für weitere Hinweise vgl. *en.wikipedia.org/wiki/Caroline_Calloway* (Stand: 8. 5. 2020).

line-Magazin *The Cut* ein Essay von Natalie Beach, einer ehemaligen Freundin von Calloway.[91] Darin erklärte sie, sie habe viele der Texte geschrieben, die auf dem Profil von Calloway erschienen seien. Diese Texte wirken spontan und autobiografisch, entstehen aber gemäß den Angaben von Natalie Beach oft geplant und kollaborativ. Calloway ist eine reale Person, erschafft aber auf *Instagram* mit Texten und Bildern eine bewusst gestaltete Instagram-Identität. Auch wenn sie immer wieder behauptet, besonders authentisch oder echt aufzutreten – was glaubwürdig erscheint, weil sie auch sehr persönliche Erlebnisse beschreibt –, so ist das *Instagram*-Profil@carolinecalloway eine Rolle, eine persönliche Marke, die Calloway auch deshalb angelegt hat, um damit Geld zu verdienen.

Schreiben unterstützt eine Inszenierung und Profilierung in sozialen Netzwerken: Das ist eine Realität in der medialen Alltagsumgebung von Kindern und Jugendlichen. Und diese Realität sollte auch im Schulunterricht reflektiert, begleitet und kritisch diskutiert werden – vielleicht auch erweitert, wozu Stephan Porombka in seinem Buch zum kreativen Schreiben in sozialen Netzwerken auffordert:

> »Mit dem Experimentieren beginnen! Hands on! Auch auf die Gefahr hin, dass man alles Bekannte über den Haufen werfen muss und dabei in Zustände gerät, in denen die alten Orientierungsmuster für Kunst und Leben abhandenkommen, ohne durch neue ersetzt zu werden. Auch das kann man lernen, wenn man unter Strom schreibt: dass sich das Auflösen der bekannten Zusammenhänge für produktive Schübe nutzen lässt.«[92]

91 Natalie Beach (2019): »I was Caroline Calloway«, *www.thecut.com/2019/09/the-story-of-caroline-calloway-and-her-ghostwriter-natalie.html* (Stand: 6. 5. 2020).

92 Stephan Porombka (2012): *Schreiben unter Strom. Experimentieren mit Twitter, Blogs, Facebook und Co.* Mannheim: Duden, S. 13.

Die folgenden Ausführungen zeigen, wie ein kreativer schreibdidaktischer Umgang mit sozialen Netzwerken aussehen könnte.

Beschreibung und Geschichte

Auf digitalen Plattformen ein oder sein Leben öffentlich erschreiben – das ist keine neue Vorstellung. Viele der frühen Blogs waren Netztagebücher und Facebook fragt User »Was machst du gerade?«. Die Affordanz von Social-Media-Angeboten besteht darin, sein eigenes Leben zu dokumentieren und zu inszenieren.

Die Geschichte der kommunikativen Selbstinszenierung ist nicht an digitale Plattformen gebunden: In den Briefkorrespondenzen beispielsweise des »Tugendbundes« rund um Caroline und Wilhelm von Humboldt entsteht vor und nach 1800 eine kommunikative Komplexität, die mit Dynamiken von Social Media verglichen werden können. Wie Martina Wernli gezeigt hat, sind Briefe darin »potentielle Visitenkarten«, die »für die eigene Persönlichkeit einstehen müssen«.[93]

Schreiben ist also kulturgeschichtlich schon länger in die Spannungen eingebunden, die mit dem Aufkommen digitaler Plattformen breiter verhandelt werden: Was ist privat, was ist öffentlich? Wie schreibt ein Ich authentisch über sich, wo beginnt eine Inszenierung? Können eigene Wahrnehmungen und Gefühle anderen so mitgeteilt werden, dass sie verständlich werden?

---

93 Martina Wernli (2015): »Die Briefe müssen ›immer in weibliche Hände kommen‹. Generation und Geschlecht im Briefwechsel von Caroline und Wilhelm von Humboldt«. In: Selma Jahnke (Hrsg.): *Briefe um 1800. Zur Medialität von Generation.* Berlin 2015, S. 291–312, hier S. 295.

Das ist eine Dimension des Schreibens in sozialen Netzwerken. Die andere ist der kreative Umgang mit Beschränkungen. Schreiben ist Problemlösen. Mit Längenvorgaben und Darstellungsformen schränkt die materielle oder technische Seite des Schreibmediums diese Problemlöseverfahren ein: Argumente müssen in Texten entfaltet werden, die länger als 280 Zeichen sind – *Twitter* lässt aber pro Tweet nur genau diese Anzahl zu. Der kreative Umgang mit den Möglichkeiten und Normen von sozialen Netzwerken prägt digitale Schreibvorhaben.[94] Wie das genau geschieht, ist aber von Konventionen abhängig, die Schreib- und Lesegemeinschaften entwickeln (ganz ähnlich wie der »Tugendbund«, dem die Humboldts angehörten): In *Reddit*-Foren schreiben Menschen anders als in den Bildlegenden auf *Instagram*. *Twitter*-Texte gehorchen nicht denselben Regeln wie *Youtube*-Kommentare.

Schreibdidaktisches Potenzial

An diesen vier Beispielen kann gezeigt werden, worin die Motivation für Menschen liegt, Texte auf digitalen Plattformen zu publizieren: Auf *Reddit* tauschen sich Communities über spezifische Themen aus. Wer schreibt, bekommt von anderen Punkte, wenn das Geschriebene der Ausrichtung und den Erwartungen einer Gruppe mit viel Vorwissen entspricht: Entsprechend sind viele Texte originell und fokussiert. Bildlegenden auf *Instagram* sprechen ein viel breiteres Publikum an: Sie formulieren einerseits einen Kontext zu Bildern, welche primär wahrgenommen werden, andererseits sorgen sie etwa durch den Einsatz von Hashtags oder Erwähnungen anderer

---

94 Auch dieses Problem ist keineswegs ein digitales, Briefe von Schiller enthalten z. B. Verweise darauf, dass er keinen neuen Bogen beginnen möchte und deshalb den Brief abschließt.

Profile für eine möglichst starke Verbreitung der Beiträge. Im Gegensatz dazu stehen auf *Twitter* die Texte stärker für sich. Kurze Tweets von maximal 280 Zeichen können durch die Thread-Funktion aneinandergehängt werden. Auch Antworten auf Tweets führen zu Threads, die dann am Stück als Diskussion gelesen werden können. Anders als auf *Instagram* können Antworten auf *Twitter* nicht gelöscht werden, so dass Diskussionen auch unkontrolliert verlaufen können. Noch weniger kontrolliert sind *Youtube*-Kommentare: Dort entfalten sich teilweise konstruktive Diskussionen zu Videos, aber es gibt auch destruktive Bemerkungen zu einzelnen Personen, absurde Scherze und viel Werbung für andere Videos. Der Text ist aber zunächst meist nicht sichtbar, er muss bewusst unterhalb der Videos eingeblendet werden.

Das Schreiben auf diesen Plattformen verbindet, dass es letztlich um eine Form von Kommunikation geht: Die Texte werden geschrieben, um bestimmte Reaktionen bei anderen hervorzurufen. Die Affordanz der Plattformen sind durch zwei Faktoren wesentlich bestimmt: durch die Formate, in denen geschrieben werden kann und in denen Texte angezeigt werden – und durch die möglichen Reaktionen auf Texte (Weiterverbreitung, Like, Antwortmöglichkeit).

Das besondere Potenzial von Schreibaufgaben in sozialen Netzwerken liegt darin, aktuelle Schreibprobleme von Kindern und Jugendlichen aufgreifen, verfremden und reflektieren zu können. Klafki spricht vom »Moment in der jeweils gegenwärtigen Bildung des jungen Menschen«, also »seinem Welt- und Selbstverständnis, seinem Könnensbereich«.[95] Schreiben in sozialen Netzwerken ist für die Identitätsbildung

---

95 Wolfgang Klafki (1962): »Didaktische Analyse als Kern der Unterrichtsvorbereitung«. In: *Grundlegende Aufsätze aus der Zeitschrift »Die Deutsche Schule«.* Hannover: Schroedel, S. 5–34, hier S. 16.

und das Sozialleben junger Menschen von herausragender Bedeutung, wird aber in der Schule oft ausgeblendet.

Ein stärkerer Fokus auf Social-Media-Schreibumgebungen im Unterricht birgt deswegen auch eine Gefahr: Private und schulische Kommunikation dürfen nicht vermischt werden, weil die Schule die Privatsphäre von Schülerinnen und Schülern wahren muss. Es ist entscheidend, einen Grad an Verfremdung zuzulassen, also etwa nicht die Beispiele anzuschauen, die Schülerinnen und Schüler direkt bewegen, sondern die sie aus einer bestimmten Distanz mit ihren Erfahrungen verbinden können, um so Kompetenzen aufzubauen. Aus diesem Grund ist es auch nicht angezeigt, Schreibaufgaben von persönlichen Profilen aus erledigen zu lassen. Schule und Unterricht bilden einen Schonraum – auch im digitalen Bereich.

Verlaufsplan einer Unterrichtseinheit

Die folgende Unterrichtseinheit basiert auf der Idee, literarischen oder historischen Figuren in sozialen Netzwerken eine Stimme zu geben. Dadurch liegt klar eine Verfremdung vor, zudem setzt die Aufgabe eine intensive Auseinandersetzung mit einem literarischen oder historischen Gegenstand voraus. Die Spannung zwischen den formalen Anforderungen von Social-Media-Kommunikation und der Vermittlung von literarisch geformten oder in Quellen vorliegenden Informationen schafft die Lernherausforderung in diesem Setting.

Dadurch werden drei Lernziele erreicht:

1. Kenntnis und Reflexion aktueller und früherer Kommunikationsnormen.
2. Kreativer Umgang mit den Vorgaben von Social-Media-Plattformen.

3. Produktive Verarbeitung und Aneignung von historischen oder fiktiven Zusammenhängen.

Stunde 1: Vorstellen der Idee und Gestaltung der Profile

Ausgehend von einem Thema, einem literarischen Text oder einer Epoche werden Rollen und Profile definiert, die mit Social-Media-Profilen zum Leben erweckt werden sollen. Das oft diskutierte Beispiel dafür ist *Werther*,[96] der sich als Briefroman besonders eignet, um die Briefform mit aktuell wichtigen Formen der Kommunikation zu kontrastieren. In einer Social-Media-Umsetzung übernehmen Gruppen nun Werther, Wilhelm, Lotte und andere Figuren aus dem Text und geben vor, diese hätten z. B. einen *Instagram*-Account. Als @Werther2020_Projekt veröffentlicht eine Gruppe dann die Eindrücke von Werther, in Text- und Bildform. @Lotte2020_ Projekt kommentiert die Bilder von Werther und schreibt eigene Beiträge. So entwickeln sich – parallel zur Lektüre des Textes – die fiktionalen Abläufe aus einer anderen Perspektive auch auf *Instagram*. Grundsätzlich eignet sich jede Ganzschrift, die im Deutschunterricht gelesen wird, für eine solche Umsetzung – aber auch literaturgeschichtliche Epochen mit Schlüsselfiguren (Wiener Moderne etwa mit Freud, Andreas-Salomé, Schnitzler etc.) oder interessante medienhistorische Skandale (wie z. B. die Veröffentlichung der angeblichen Hitler-Tagebücher im *Stern*).

Die Klasse bildet Gruppen (ideal sind jeweils 3 Schülerinnen oder Schüler): Jede Gruppe soll eine Rolle oder Stimme übernehmen, im Idealfall verantwortet auch die Lehrkraft eine, denkbar ist auch, externe Personen beizuziehen, die gerne mitschreiben möchten.

---

96 Vgl. Wampfler (s. Anm. 52), S. 94 ff. und Porombka (s. Anm. 90), S. 67 ff.

Auf einer geeigneten Plattform setzen die Gruppen nun entsprechende Profile auf und schreiben die ersten Beiträge. Dafür müssen die Ziele und Regeln bekannt sein oder ausgehandelt werden: Welchen Status haben Zitate? Wie ist das Projekt zeitlich gegliedert und aufgebaut? Welche Qualitätskriterien für die Gestaltung eines solchen Profils gibt es?

Stunde 2: Peer-Review der Profile

Mit einer Kriterienliste werden die erstellten Profile kurz beurteilt. Wichtige Aspekte sind:

1. Funktioniert das technisch so, wie es sollte? Hat die Gruppe die richtigen Einstellungen vorgenommen?
2. Passt das Profil stilistisch zum Projekt? Stil betrifft hier nicht alleine die schriftliche Sprache, sondern auch die ästhetische Gestaltung.
3. Ist das inhaltlich interessant und anschlussfähig, so dass andere Profile darauf reagieren können?

Stunden 3 ff.: Begleitung der Lektüre auf den Profilen

Die Gruppen werden ermuntert, regelmäßig Beiträge auf den Profilen zu veröffentlichen und dadurch die Lektüre zu begleiten. Eine Aufteilung der Lektüre bietet sich an, damit die zeitliche Entfaltung im sozialen Netzwerk ungefähr der Chronologie der Vorlage entsprechen kann.

Die Lehrkraft bringt immer wieder Beispiele aus der Social-Media-Umsetzung in den Unterricht ein, sie sind Ausgangspunkt für Diskussionen, Analysen und Interpretationen.

Abschluss: Reflexion und Bewertung

Die Gruppen denken in einem gemeinsamen Text darüber nach, wie sie Lernerlebnis bei der produktionsorientierten, digitalen Arbeit mit einer literarischen oder historischen Vorlage beurteilen. Davon ausgehend findet eine Selbstbeurteilung anhand eines Kriterienkatalogs sowie eine Beurteilung durch die Lehrkraft statt (wie S. 57–62 erläutert), sollte das notwendig sein.

Technische Umsetzung

Digitale Plattformen können simuliert werden. *zeoob.com* ist eine Plattform, die Social-Media-Interaktionen darstellen lässt, ohne einen Login auf den entsprechenden Plattformen zu verlangen. Für eine erste Annäherung an das Thema ist es denkbar, Interaktionen zu simulieren, da das keine Datenschutzfragen aufwirft.

Gerade aber der Zugang zur experimentellen Medienkompetenz (vgl. S. 18 ff.) entfällt bei dieser Simulation. Oder am Beispiel *Werther* gefragt: Wie geht ein Profil eines fiktiven Werther mit Kommentaren von Unbekannten um? Wo hinterlässt Werther im heutigen Netz Kommentare? Aus solchen Überlegungen ergeben sich viele Argumente, die für eine Umsetzung mit Plattformen sprechen, die aktuell wirklich von Jugendlichen genutzt werden.

Rechtlich ist das aber an vielen Schulen nicht ganz unproblematisch – es empfiehlt sich hier, Abklärungen vorzunehmen. *Twitter* und *Instagram* wären ideale Umgebungen, um kreatives und sachbezogenes Arbeiten zu kombinieren und auszustellen. Rechtliche Einschränkungen verhindern die Nutzung jedoch in vielen Bundesländern, weshalb sich in diesen Fällen die Simulation mit *zeoob.com* anbietet.

Können *Instagram* oder *Twitter* genutzt werden, gelten die üblichen Vorsichtsmaßnahmen und Regeln: keine persönlichen Daten preisgeben und sich respektvoll verhalten, also so, wie das Schulregeln vorgeben. Da *Instagram* nur von mobilen Geräten aus vollumfänglich genutzt werden kann, ist *Twitter* als Plattform leichter zugänglich.

Beispiel

Laura de Wecks Stück *Lieblingsmenschen* (2007) zeigt das Leben von Studentinnen und Studenten, die nach einer Orientierung beim Lernen und im Leben suchen. Das Drama enthält Szenen, die als SMS-Dialoge gestaltet sind.[97] Da diese Form medialer Kommunikation in Zeiten von Gruppen-Chats so nicht mehr gebräuchlich ist, bietet es sich an, mit der oben diskutierten Methode eine Aktualisierung vorzunehmen.[98]

Kommentare

Auf einer Tagung zu zeitgenössischer Lyrik fragte die Verlegerin Christiane Frohmann 2018, ob Hölderlin der Haftbefehl seiner Zeit gewesen sei (Haftbefehl macht deutschen Gangster-Rap). Die Frage nach dem gesellschaftlichen Stellenwert von Hölderlin oder Haftbefehl kann hier nicht beantwortet werden. Eine augenfällige Ähnlichkeit liegt jedoch darin, dass die Texte Haftbefehls wie die Hölderlins mit Kommentaren versehen wurden und werden, um Anspielungen und Bezüge sichtbar zu machen.

Bei Haftbefehls Hit *Chabos wissen, wer der Babo ist* auf der Website *genius.com* z. B. ist fast jedes Wort mit einem erläuternden Kommentar versehen.[99] Im Netz gibt es also zu aktuellen Songtexten Sachkommentare, die in der Struktur denen gleichen, die sich in kommentierten Werkausgaben zu den Ge-

---

97 Laura de Weck (2007): *Lieblingsmenschen*. Zürich: Diogenes.
98 Diese Unterrichtsidee habe ich andernorts bereits ausführlich beschrieben, vgl. das Kapitel »Hauptsache schreiben!«. In: Jöran Muuß-Merholz (2019): *Digitale Schule: Was heute schon im Unterricht geht*. Hamburg: ZLL21, S. 299–304.
99 *genius.com/1301131* (Stand: 8. 5. 2020).

dichten Hölderlins finden. Kommentare sind also sowohl eine genuin literaturwissenschaftliche Methode als auch eine Textsorte, die im Netz verwendet wird, um aktuelle Kulturprodukte zu erklären und erweitern.

Beschreibung und Geschichte

Der Begriff »Kommentar« hat im Deutschunterricht eine doppelte Bedeutung: Im Folgenden ist nicht die journalistische Textsorte gemeint, die meist eine Meinung zu einem aktuellen Ereignis entfaltet. Vielmehr geht es um Kurztexte, mit denen andere Texte ergänzt werden.

Das Aufkommen dieser Kommentarfunktion im Netz ist eng mit zwei bereits beschriebenen Entwicklungen verbunden: Einerseits gehören sie zur Blog-Kultur, andererseits zu kollaborativen Schreibumgebungen. In Blogs werden Texte grundsätzlich so publiziert, dass sie mit einer Einladung zum Kommentieren verbunden sind. Dieses Prinzip (das auch mit dem Schlagwort Web 2.0 gemeint ist) hat sich nach 2000 auch auf journalistische Plattformen übertragen, mittlerweile bieten fast alle Zeitschriften und Zeitungen Kommentarfunktionen an. Während Foren schon früh verbreitet waren, ist es beispielsweise bei *Spiegel Online* seit 2002 möglich, Artikel direkt zu kommentieren.[100]

Diese Funktion ist nicht unumstritten, zumal die Debatten- und Kommentarkultur im Netz auch Nährboden für Hass, Abwertung und Falschmeldungen bietet. Die *Neue Zürcher Zeitung* hat unter anderem deshalb 2017 die Kommentarfunktion

---

100 Christoph Schattleitner (2015): »Wie die Lesermeinung ins Internet kam«, *www.zeit.de/community/2015-06/kommentarfunktion geschichte* (Stand: 6. 5. 2020).

ausgeschaltet und durch Leserdebatten ersetzt, die enger von der Redaktion begleitet werden.[101]

Die technische Möglichkeit, Beiträge im Netz zu kommentieren, führt also zu einer Praxis, die sozial ausgehandelt werden muss, wie Annette Leßmöllmann, Professorin für Wissenschaftskommunikation, festhält:

> »[Das ist] kein digitaler, sondern ein sozialer Prozess. Menschen verhalten sich online nicht viel anders als offline. Deshalb braucht es auch online ähnliche Regeln, wie wir sie vom gesellschaftlichen Zusammenleben kennen.«[102]

Aus der Geschichte der journalistischen Kommentarkultur lässt sich ein Auftrag ableiten: Schülerinnen und Schüler müssen lernen, wie sie im Netz so kommentieren können, dass ihre Texte eine positive Wirkung haben, anderen Menschen helfen, Zusammenhänge zu erkennen, statt das Klima zu vergiften, in dem Debatten ausgetragen werden.

Schreibdidaktisches Potenzial

Die Einleitung und die Geschichte der Kommentare im Netz haben gezeigt, dass eine Vielfalt an technischen Möglichkeiten im Kontrast zu einer teilweise negativen Nutzung dieser Ressourcen steht. Ein Lernziel im Umgang mit Kommentaren ist deshalb zunächst, ein Verständnis dafür zu schaffen, wie Kommentare einen Text erklären und auch mit einer Meinung erweitern können. Dieses Verständnis erwerben Schülerinnen

---

101 Oliver Fuchs (2017): »Warum wir unsere Kommentarspalte umbauen«, *www.nzz.ch/feuilleton/in-eigener-sache-warum-wir-unsere kommentarspalte-umbauen-ld.143568* (Stand: 6. 5. 2020).

102 Zitiert nach Schattleitner (s. Anm. 99).

und Schüler, indem sie viele Kommentare schreiben und auf andere Kommentare reagieren.

Kommentare sind aber generell auch eine Methode, um eine präzise Sprachbetrachtung durchzuführen. Wer im Deutschunterricht Texte analysiert, muss lernen, das metasprachlich präzise und mit Verweis auf konkrete Passagen und Elemente einer Textvorlage zu tun. Kommentare schaffen genau diese Möglichkeiten, ihre Affordanz liegt gerade darin, eine Stelle in einem Text zu markieren und darüber zu schreiben. Somit erzwingen die entsprechenden Werkzeuge, Aussagen diesen Stellen zuzuordnen.

Verlaufsplan einer Unterrichtseinheit

Die Idee der Unterrichtsreihe geht von dem in der Einleitung genannten Beispiel aus: Lyrische Texte sollen gemeinsam mit Songtexten mit Kommentaren versehen werden. Die hier dargestellte Einheit geht vom Vorschlag aus, Liebeslyrik zum Gegenstand der Einheit zu machen. Didaktische Vorarbeiten zum Umgang mit Liebeslyrik[103] gibt es eine ganze Reihe, auch Songtexte zum Thema finden sich leicht. *Sie mögen sich* von Käptn Peng (2012) ist ein leicht zugänglicher Einstieg ins Thema, die Schülerinnen und Schüler werden hier aber schnell auch eigene Vorschläge machen können. Andere Themen der Lyrik sind aber genauso denkbar wie journalistische Texte zu einem aktuellen Thema.

---

103 Vgl. zum Beispiel Ursula Frank (2012): *Deutsche Liebeslyrik. Sekundarstufe II.* Stuttgart, Reclam; oder die verschiedenen Einheiten auf dem Lehrerfortbildungsserver Baden-Württemberg: *lehrerfortbildung-bw.de/u_sprachlit/deutsch/bs/spt/lyrik/index.htm* (Stand: 6. 5. 2020).

Die Arbeit an diesen Texten erfolgt in drei Schritten: Zunächst kommentiert die Klasse gemeinsam einen Text, den sie dann auch im Unterricht bespricht. Dann kommentieren Schülerinnen und Schüler eine Reihe von Texten individuell und schreiben zum Abschluss zu zweit einen ausführlichen Kommentarapparat zu einem Gedicht oder Songtext und verfassen eine kurze Interpretation.

Stunde 1: Vorstellen des Auftrags

Im Vorfeld wurden zehn Texte bestimmt (von der Lehrkraft oder gemeinsam mit der Klasse) – fünf davon lyrische Arbeiten, fünf Songtexte. Die Lehrkraft stellt den Zusammenhang einführend vor. Zusätzlich klärt sie einige wichtige Prinzipien des Kommentierens:

- Stellenkommentare sollen kurz sein – drei Sätze drücken das Wesentliche aus.
- Der Bezug von Kommentaren muss klar sein; das wird u. a. durch korrekte grammatikalische Begriffe erreicht.
- Meinungen dürfen geäußert werden, wenn sie so begründet werden, dass nachvollziehbar ist, auf welchen Überlegungen sie beruhen.

Stunde 2: Gemeinsame Arbeit am ersten Text

Ein erster Text – z. B. *Sehnsuchtslied* von Selma Meerbaum-Eisinger (s. Abb. 9) – wird von der Klasse auf *lectory.io* oder mit dem Browser-Plugin *hypothes.is* kommentiert. So loggen sich die Schülerinnen und Schüler ein erstes Mal ein und erleben, welche Anforderungen die Schreibaufgaben stellen.

Sinnvoll ist, zunächst eine Fragestellung vorzugeben, wie etwa: »Wer spricht in diesem Gedicht?« Davon ausgehend sind alle Schülerinnen und Schüler aufgefordert, drei Kommentare zu schreiben: der erste in Form einer Frage, der zweite als Mei-

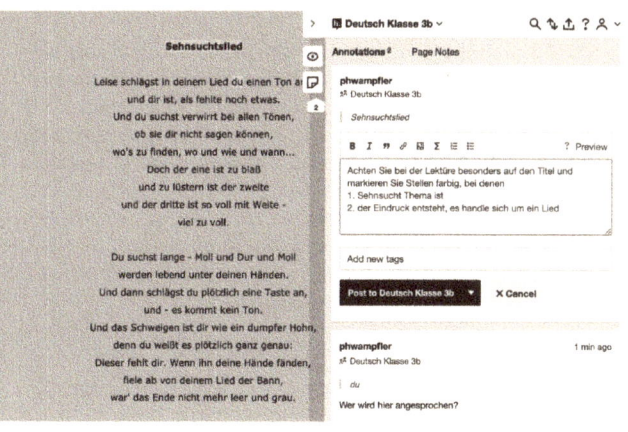

Abb. 9: Selma Meerbaum-Eisinger, *Sehnsuchtslied*, mit Kommentaren auf *hypothes.is*

nung oder Einschätzung und der dritte als Reaktion auf einen anderen Kommentar.

Stunde 3: Unterrichtsgespräch

Die Klasse soll fünf Minuten lang in den Kommentaren lesen, die in Stunde 2 entstanden sind. Danach wird ein Unterrichtsgespräch geführt. In einem ersten Teil wird die inhaltliche Frage aus Stunde 2 mündlich besprochen. Danach wird reflektiert, inwiefern die Kommentare das Verständnis des Textes erleichtert haben. Auch Aspekte der Kommentarkultur kommen zur Sprache. Dabei muss diskutiert werden, welche Antworten die Schülerinnen und Schüler als (nicht) hilfreich erlebt haben.

Stunden 4 und 5: Den Rest der Texte kommentieren

Die Schülerinnen und Schüler lesen in unterschiedlicher Reihenfolge den Rest der Gedichte bzw. Songtexte – und zwar so, dass alle mit einem anderen Text beginnen. Sie lesen die Texte genau und sind dazu aufgefordert, einen Kommentar zu hinterlassen, wenn ihnen etwas Interessantes aufgefallen ist oder Verständnisschwierigkeiten auftreten. Der erste gelesene Text ist noch nicht kommentiert, bei den nächsten Lektüreaufgaben sind schon Vorarbeiten von anderen Schülerinnen und Schülern in den Kommentarfeldern erkennbar, die dann lediglich ergänzt oder berichtigt werden müssen.

Stunden 6–8: Ein Gedicht oder einen Songtext interpretieren

Zu zweit wählen die Schülerinnen und Schüler einen Text aus. Sie erhalten zwei Aufgaben:

1. Kommentare sichten und so bereinigen, dass hilfreiche und korrekte Kommentare alles erklären, was erklärungsbedürftig ist.
2. Eine kurze Interpretation des Textes schreiben. Dabei soll auch Bezug auf die anderen Texte der Lektürereihe genommen werden.

Die Lehrkraft muss beide Aufgaben kurz einführen. Besonders bei der ersten Aufgabe bietet es sich an, ein gutes Beispiel aus einem Lektüreschlüssel vorzulegen und zu besprechen. Soll die Aufgabe bewertet werden, dann muss vor der Niederschrift auch klar sein, an welchen Kriterien sich die Bewertung orientiert. Kollaborative Schreibtools (vgl. S. 78 ff.) eignen sich als Schreibumgebung.

Stunde 9: Publikation

Die so entstandenen Kommentare und Interpretationen können im Netz veröffentlicht werden, zum Beispiel auf einem Blog oder als schön gestaltetes pdf-Dossier.

Technische Umsetzung

Die Unterrichtseinheit kann mit *lectory.io* ideal umgesetzt werden. Die Plattform erlaubt es Lehrpersonen, Texte hochzuladen – auch literarische Werke beteiligter Verlage wie Reclam. Diese Texte können dann von Klassen mit Kommentaren versehen werden.

Lectory (*lectory.io*)
- Online-Plattform für kollaborative Textlektüre mit Kommentarfunktion
- kostenpflichtig (kostenloser Testzugang für 6 Monate möglich)

Sollte an der Schule kein Zugang zu *lectory.io* möglich sein, dann können die Funktionen auch in einem Textverarbeitungsprogramm wie *Word Online* oder *Google Docs* mit der entsprechenden Kommentarfunktion emuliert werden.

Kommentare, wie sie in kollaborativen Schreibumgebungen eingesetzt werden, können im Netz technisch über jeden Text gelegt werden. Die an der Universität Basel entwickelte App *Travis Go* überträgt Kommentare etwa auf Web-Videos: Alle relevanten Aspekte der Filmsprache können mit diesem Werkzeug mit einem Kommentar versehen werden. *Hypothes.is* ist ein anderes wichtiges Werkzeug: Wer das Programm im Browser als Add-On installiert, kann praktisch jeden Text im Netz damit kommentieren – auch kollaborativ.

Travis Go (*travis-go.org/edu*)
- Online-App zur Aufgabenstellung und Kommentierung von (Online-)Film- und Audiosequenzen
- kostenlose App der Uni Basel

Hypothes.is (*web.hypothes.is*)
- Online-Tool, mit dem Webseiten (auch in geschlossenen Gruppen) kommentiert werden können
- kostenlose Open-Source-Software

Beispiel

Die zu Beginn erwähnte Plattform *genius.com* ist eine Datenbank für Songtexte, die auch von Userinnen und Usern eingestellte Kommentare enthält. Schülerinnen und Schüler können diese Einträge zunächst als Inspiration verwenden, nach Abschluss einer Unterrichtseinheit aber auch qualifizierte Ergänzungen und Erweiterungen der Kommentare vornehmen.

Dasselbe gilt für Kommentare auf journalistischen Plattformen: Ist ein Bewusstsein für die Qualität von Kommentaren vorhanden, können Klassen ermuntert werden, sich an Debatten auf News-Plattformen aktiv zu beteiligen.

Messenger und Chats

»Wir müssen als Gesellschaft einen vernünftigen Umgang mit dem Smartphone erst lernen! [...] Seit wann ist ›einfach mal weglegen‹ eigentlich ein sinnvoller Ratschlag für Lernende?«[104]

Was der Journalist Dirk von Gehlen hier allgemein festgehalten bzw. gefragt hat, ist für den zeitgemäßen Sprach- und Literaturunterricht eine zentrale Einsicht: Er muss Kinder und Jugendliche befähigen, sprachliche Aufgaben kompetent bewältigen zu können.

Sprachliches Handeln findet auch und bei Jugendlichen in hohem Maße in verschiedenen Messenger- und Chat-Formaten statt. Die Befähigung, kompetent chatten zu können, leistet der Schreibunterricht. Kompetent bedeutet dabei, die eigenen Ziele erreichen und unerwartete Dynamiken verstehen können.

Beschreibung und Geschichte

Internetbasierte Kommunikation ist seit ihren Anfängen interaktionsorientiert, d. h. sie funktionierte schon sehr früh ähnlich wie ein Chat: Usenet und andere Foren oder E-Mail sind Vorläufer von dem, was heute Messenger erlauben.[105] Die stärkere Orientierung des Netzes – in Bezug auf Design, Busi-

---

104 Dirk von Gehlen (2016): »Fünf Fragen zur angemessenen Smartphone-Nutzung«, *www.dirkvongehlen.de/netz/fuenf-fragen-zur-angemessenen-smartphone-nutzung* (Stand: 6. 5. 2020).

105 Es dürfte deshalb nicht erstaunen, dass erste deutschdidaktische Arbeiten zu Chats schon früh erschienen. Vgl. etwa Axel Krommer (2002): »Chatten mit dem lyrischen Ich«. In: Jutta Wermke (Hrsg.): *Literatur und Medien.* München: kopaed, S. 87–103.

nessmodell und Technologie – an Interaktionen ab 2005 wurde mit dem Label Web 2.0 oder Social Web belegt. Entsprechend werden fast alle Programme und seit einigen Jahren auch Websites mit Chat-Funktionalitäten ausgestattet.

Seit sich Smartphones durchgesetzt haben – das erste iPhone konnte man im deutschsprachigen Raum 2008 kaufen –, haben diese Chats auch SMS als mobile Form der schriftlichen Kommunikation abgelöst. In den letzten Jahren sind zunehmend grafische Elemente (Emojis, Bilder, Gifs, Videos) hinzugekommen. Chats sind also multimediale Kommunikationsformen, die eine One-to-One-, One-to-Many- oder Many-to-Many-Kommunikation erlauben und über internetfähige Geräte wahrgenommen und geschrieben werden, seien sie mobil oder nicht-mobil.

Schreibdidaktisches Potenzial

Die bereits zitierten Linguistinnen Christa Dürscheid und Larissa Bonderer haben verschiedene Argumente in Bezug auf eine Unterrichtseinheit zu *WhatsApp* geprüft, sie verweisen besonders auf die Möglichkeit,

> »verschiedene Schreibpraktiken zu reflektieren, den Sprachgebrauch zu beschreiben und die kommunikative Angemessenheit bzw. Nichtangemessenheit eines solchen Schreibens in verschiedenen Situationen zu diskutieren.«[106]

---

106 Larissa Bonderer / Christa Dürscheid (2019): »What's up, students?‹ Beschäftigung mit WhatsApp im Deutschunterricht – Pro und Contra«. In: Arnulf Deppermann [u. a.] (Hrsg.): *Deutsch in Sozialen Medien – interaktiv, multimodal, vielfältig*. Berlin/Boston: de Gruyter, S. 145–164, hier S. 152.

Michael Beißwenger konkretisiert dieses Potenzial, linguistische Zusammenhängen in Chat-Kommunikation zu erkennen, wenn er in Bezug auf eine von ihm konzipierte *WhatsApp*-Unterrichtseinheit anmerkt, sie erlaube darüber nachzudenken, wie individuelle Präferenzen die sprachliche Variation von Kommunikation prägen:

> »Daran lässt sich erarbeiten, dass nicht alleine die Kommunikationstechnologie (z. B. WhatsApp) die Art und Weise determiniert, wie wir uns in Kommunikation sprachlich ›verhalten‹, sondern dass darüber hinaus auch diverse soziale und kontextuelle Faktoren die Wahl der sprachlichen Mittel beeinflussen.«[107]

Die von Dürscheid, Bonderer und Beißwenger genannten Aspekte – Angemessenheit eines Sprachgebrauchs und Variationsbreite sprachlicher Mittel der Kommunikation – können anhand konkreter Schreiberfahrungen im Sinne der experimentellen Medienkompetenz (vgl. S. 18 ff.) thematisiert werden, indem dieser verschiedene Chats, in die Jugendliche heute eingebunden sind – private, in Bezug auf Freizeitaktivitäten wie auch schulische – in das Unterrichtsgeschehen einbindet.

Gleichzeitig können Chat-Lernaufgaben aber auch Eigenheiten literarischer Werke sichtbar machen, wie Krommer einleuchtend dargelegt hat.[108] Darüber hinaus ist gerade interak-

---

107 Michael Beißwenger (2018): »WhatsApp, Facebook, Instagram & Co.: Schriftliche Kommunikation im Netz als Thema in der Sekundarstufe«. In: Steffen Gailberger / Frauke Wietzke (Hrsg.): *Deutschunterricht in einer digitalen Gesellschaft.* Weinheim: Beltz Juventa, 91–124, hier S. 107 f.
108 Krommer (s. Anm. 103).

tionsorientiertes Schreiben in Chat-Umgebungen besonders gut umsetzbar[109], wie verschiedene Beispiele zeigen werden.

Verlaufsplan einer Unterrichtseinheit

Die hier vorgeschlagene Unterrichtseinheit geht davon aus, dass Schülerinnen und Schüler auf einen Unterrichts-Chat zugreifen können, sowohl in der Schule als auch zu Hause. Das Lernziel besteht darin, kleine Texte direkt in und für diesen Chat zu schreiben und so schrittweise auch gehaltvolle, professionelle Interaktionen aufzubauen. Die Einheit ist entsprechend nicht in Stunden gegliedert, sondern in Arbeitsschritte, die jeweils Anregungen und Schreibanlässe enthalten. Entscheidend ist dabei, dass das Potenzial des halb-öffentlichen Schreibens genutzt wird (alle können mitlesen und mitschreiben), aber der Umgang respektvoll erfolgt. Geübt wird ein digitales Unterrichtsgespräch.

Stufe 1: Sich vorstellen

Wie sieht eine gute digitale Visitenkarte aus? Schülerinnen und Schüler stellen sich in verschiedenen Formaten in einem Chat vor: Mit einer schriftsprachlichen Beschreibung, einem Emoji, einem Gif, einem Meme, einer Sprachnachricht etc. Gleichzeitig werden sie einander zugeteilt, um sich mit einem digitalen Kompliment zu begrüßen. Es ist denkbar, dass daraus weitere Interaktionen entstehen.

In einem Unterrichtsgespräch wird ausgewertet, wie sich die Schülerinnen und Schüler gefühlt haben und was sie als sinnvolle Formen des Vorstellens in digitalen Settings empfinden.

---

109 Storrer (s. Anm. 24), S. 233 f.

Stufe 2: Frage der Woche

Die Lehrkraft stellt jede Woche eine Frage, auf die individuelle, konkrete Antworten gegeben werden. Besonders sinnvoll ist das auch in einer Fremdsprache. Beispiele: »Mit wem würdest du gerne Eis essen gehen und worüber würdet ihr sprechen?«, »Was ist das Interessanteste, was du diese Woche in der Schule gelernt hast?«, »Worüber hast du das letzte interessante Gespräch mit einer Freundin oder einem Freund geführt – wenn wir Freundschaften und Liebe als Thema einmal ausnehmen?«, »Welches Ziel möchtest du nächste Woche erreichen?«. Mit der Zeit können die Schülerinnen und Schüler selbst Fragen vorschlagen, die sie in einem Klassenchat gerne stellen möchten.

In dieser Stufe geht es letztlich auch darum, in einem digitalen Kontext Vertrauen zu erzeugen, zu prüfen, ob der Respekt vorhanden ist. Wie persönlich die Fragen werden dürfen, muss eine Lehrkraft abschätzen können. Denkbar ist auch, den Chat hier in einzelne Gruppen aufzuteilen, die eventuell schneller zueinander Vertrauen fassen können.

Auch auf dieser Stufe ist es zu empfehlen, die Abläufe in den Chats im Unterricht zu besprechen und auch einzelne Beispiele zu diskutieren. Wie Beißwenger gezeigt hat, können an konkreten Aussagen und Interaktionen viele linguistische Themen diskutiert werden.[110]

Stufe 3: Feedback

Der Kanal wird genutzt, um schnelles, direktes Feedback einzuholen. Das kann sich auf eine Lektion beziehen, auf eine spezielle Unterrichtseinheit oder einen Ausflug, einen Museumsbesuch etc.

Schülerinnen und Schüler sollen dabei lernen, Aussagen von anderen aufzugreifen, sie zu differenzieren, zu unterstüt-

---

110 Beißwenger (s. Anm. 105).

zen oder weiterzuführen. Das Feedback wird für die Lehrkraft deshalb genauer, weil es nicht parallel stattfindet, sondern alle lesen können, was alle anderen schreiben (und sich anders als im Unterricht alle gleichzeitig äußern können und auch sollen).

Die Lehrkraft kann interaktiv mitreden, zusätzliche Fragen stellen, sich bedanken, auf andere Aspekte Bezug nehmen.

Stufe 4: Q&A-Sessions

In Bezug auf verschiedene Lernumgebungen sind Fragen und Antworten (*questions and answers*, Q&A) eine hilfreiche Lernform. Vor Prüfungen können Lehrkräfte eine halbe Stunde Chat anbieten – sie beantworten so viele Fragen, wie die Schülerinnen und Schüler stellen mögen. Die Fragenden lesen gleichzeitig mit: So können Redundanzen vermieden werden und es wird möglich, die Denk- und Lernprozesse anderer Lernender zu beobachten.

Diese Frage-und-Antwort-Interaktionen können dann an verschiedenen Stellen im Unterricht genutzt werden: Zum Beispiel am Anfang eines Themas. »Was möchtet ihr gerne über die Französische Revolution erfahren?« – wird die Frage in einem Chat gestellt, entstehen viele Lernprodukte, welche die Eröffnungsphase einer Lernsequenz unterstützen, weil Vorwissen aktiviert wird und vorausschauend über die kommenden Lerneinheiten nachgedacht wird.

Wie mehrfach erwähnt, sind Respekt und Vertrauen Bedingung für sozial wie medial komplexe Schreib- und Interaktionsaufgaben. Machen sich Schülerinnen und Schüler über andere lustig, verweigern sie sich, nehmen sie die Aufgaben nicht ernst, dann ist das immer der Anlass, auf eine einfachere Stufe zurückzukehren.

Technische Umsetzung

Fast alle digitalen Lernumgebungen verfügen über Chat-Applikationen – es ist also sinnvoll, hier Programme zu nutzen, die an der Schule möglicherweise schon zur Verfügung stehen. In *Microsoft 365* steht beispielsweise mit *Teams* ein Chat-Werkzeug zur Verfügung, das vielfältig genutzt und mit den *Microsoft 365*-Dokumenten verbunden werden kann.

Sollte die Schulumgebung kein Chat-Tool anbieten, können im Unterricht folgende Möglichkeiten gewählt werden:

- *Zumpad.de* bietet eine Chat-Funktionalität innerhalb jedes Pads an. Damit können Schreibaufgaben mit Messenger-Schreiben kombiniert werden.
- Mit Webtools wie *bloochat.com* können Chats leicht erzeugt und ohne persönliche Profile genutzt werden.
- Sichere Chat-Apps wie *Threema*, *Signal* oder *Telegram* können installiert und für die Schule genutzt werden.

Beispiel

Im Rahmen eines Projekts im Schweizer Kanton Solothurn ist eine Unterrichtseinheit erschienen, in deren Rahmen Schülerinnen und Schüler in der 5. Klasse Tiergeschichten als Dialog schreiben und sie mit *TextingStory* als Video publizieren[111].

Die App *TextingStory* präsentiert einen Dialog, als wäre er in einem Messenger-Programm geschrieben worden. Diese App ermöglicht Schreiben in einem Messenger-Kontext, auch

---

111 Beratungsstelle Digitale Medien in Schule und Unterricht – imedias (2019): »Chat-Stories. Dialogisches Schreiben«, *www.ict-regelstandards.ch/kompetenzraster/recherchieren-ordnen-visualisieren/unterrichtseinheit/chat-stories-dialogisches-schreiben* (Stand: 6. 5. 2020).

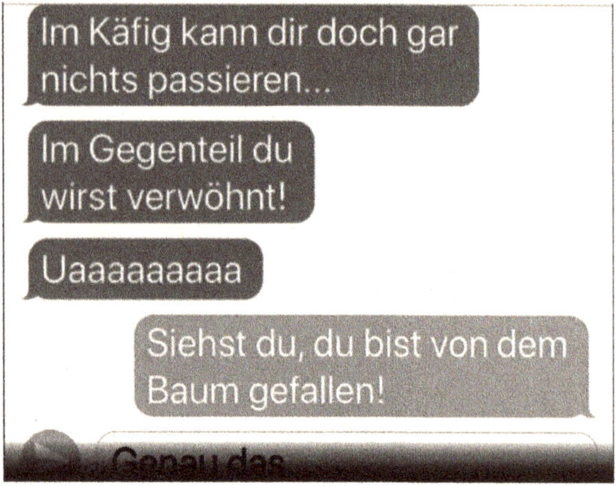

Abb. 10: Screenshot einer Tiergeschichte aus *TextingStory*

wenn an Schulen kein Zugang zu Chat-Programmen besteht (oder Lehrkräfte nicht wollen, dass Klassen Chats verwenden).

TextingStory (textingstory.com)
- App zum Download, mit der Chats simuliert werden können
- gute Beschreibung für die Unterrichtsanwendung: *www.ict-regelstandards.ch/kompetenzraster/ recherchieren-ordnen-visualisieren/unterrichtseinheit/ chat-stories-dialogisches-schreiben* (Stand: 11. 5. 2020)

Damit lassen sich verschiedene schreibdidaktische Ideen umsetzen. Der Deutschdidaktiker Adriano Montefusco schlägt etwa im Kontext des literarischen Lernens der Grundschule vor, Märchen in eine Chat-Form zu überführen, um so eine »Perspektivenübernahme« zu ermöglichen. Montefusco beschreibt die Leistung einer Schülerin wie folgt:

> »Lisa steht unbeschränkter Schreibraum zur Verfügung; sie kann den Chat so lange fortführen, bis er für sie an ein sinnvolles Ende kommt. Mit der Bewältigung dieser Aufgabe hat sie gezeigt, dass sie die Erzählung verstanden hat, den entscheidenden Wendepunkt im narrativen Verlauf identifizieren konnte und diesen mit einer eigenen, dialogisch gestalteten Nacherzählung neu akzentuiert. Lisa übernimmt die Perspektive der Hauptfiguren, behält deren Situierung im erzählten Raum des Märchens bei und lässt die Protagonist*innen das Problem der Gefangenschaft dialogisch und kooperativ lösen.«[112]

Das Beispiel zeigt, welche Kompetenzen für diese Aufgabenstellung nötig sind und geschult werden. Das lässt sich leicht für anspruchsvollere Texte im Unterricht der Sekundarstufe adaptieren.

Wikis und *Wikipedia*

»Wiki« bedeutete auf Hawaiisch ›schnell‹: Der Begriff hat sich für bearbeitbare Websites eingebürgert, mit denen Wissen kollaborativ und verständlich dargestellt wird. Aufgrund der Popularität der *Wikipedia*-Enzyklopädie sind die grundlegen-

---

112 Adriano Montefusco (2019): »Perspektivenübernahme mit Chat-Simulator«, *adrianomontefus.co/perspektivenuebernahme-mit-chat simulator* (Stand: 6. 5. 2020).

den Prinzipien dieser Publikationsform und Textsorte vielen Menschen bekannt.

Ganz im Sinne dieses Bandes regt diese Einheit dazu an, einen produktiven Umgang als Basis für eine Reflexion des Umgangs mit Wikis zu verwenden. Fragen wie die, ob *Wikipedia* für schulische Arbeiten eine sinnvolle Quelle ist, erübrigen sich dann in der Folge: Wikis (und damit auch die *Wikipedia*) sind dann eine gute Quelle, wenn es um kollaborativ im Netz entstandene Erklärungen geht.

Beschreibung und Geschichte

»Die Entwicklung des Wikis als Medium ist eng mit dem World Wide Web verbunden. Es wurde erst durch dieses zu einem Erfolgsmodell«, steht im *Wikipedia*-Eintrag zum Lemma »Wiki«.[113] Wie viele der bereits diskutierten Web-Anwendungen[114] ist die Wiki-Technologie eng mit dem Web 2.0 verbunden, in dem die Möglichkeit wichtig wurde, dass Userinnen und User das Netz »prosumierend« nutzen, also Inhalte konsumieren und produzieren können. Beat Döbeli vergleicht Wikis mit Wandtafeln: »Eine große Fläche, die alle in einem Raum ohne Probleme sehen können und auf der alle ohne komplizierte Werkzeuge etwas hinzufügen, ändern oder auch wegputzen können.«[115]

Wikis bieten ein einfaches Layout für die Darstellung von Inhalten: Wer sie einsetzt, muss sich kaum mit Designfragen

---

113 *de.wikipedia.org/wiki/Wiki* (Stand: 6. 5. 2020).

114 Vgl. auch den Abschnitt »Beschreibung und Geschichte« im Kapitel zu kollaborativem Schreiben (S. 78 ff.). Dort ist *Wikipedia* ein zentrales Beispiel.

115 Beat Döbeli (2002): »Was ist Wiki?«, *wikiway.ch/Wiki/WikiFuer SchulenAnschaulichErklaert* (Stand: 6. 5. 2020).

beschäftigen. Die Affordanz von Wikis besteht darin, Seiten zu bearbeiten oder zu erstellen.

Diese Seiten werden miteinander verlinkt. Jedes Wiki besteht aus verschiedenen Unterseiten, die miteinander ein Miniatur-Wissensnetz darstellen. *Wikipedia*, seit 2001 wohl die wichtigste Wiki-Installation, unterhält in der Regel für jeden relevanten oder erklärungsbedürftigen Begriff eine eigene Seite.

Wikis können für verschiedene Formen von Text- oder Wissenssammlungen verwendet werden. Bekannte Beispiele sind etwa: Projektdokumentationen; Unternehmenswikis, die das Wissen einer Unternehmung sichern; Darstellungen von Spezialwissen. Aber auch politischer Aktivismus: Mit dem Projekt *Constituição 2.0* versuchte eine politische Gruppierung 2009, die portugiesische Verfassung als Wiki neu zu schreiben.[116] Auch in der Schule und in der Bildung sind Wikis längst angekommen, zumal sie es für Gruppen einfach machen, Wissen zu sammeln.

Wikis sind so eigentlich eine Form des Wissensmanagements einer Community. Das Beispiel *Wikipedia* zeigt, welche Probleme dabei auch auftauchen können:

1. Seit Jahren finden Debatten darüber statt, nach welchen Kriterien die Relevanz von *Wikipedia*-Artikeln beurteilt werden soll. Die verschiedenen Sprachversionen wenden unterschiedliche Kriterienkataloge an, die deutsche Version zieht teilweise willkürliche Grenzen: So ist eine Brauerei relevant, wenn sie entweder pro Jahr 100 000 Hektoliter Bier produziert oder wenn sie in einem Zeitraum von mindestens 100 Jahren mindestens 5000 Liter pro Jahr produziert hat.[117]

116 Dokumentiert unter *constituicao20.wordpress.com* (Stand: 6. 5. 2020).
117 *de.wikipedia.org/wiki/Wikipedia:Relevanzkriterien#Brauereien* (Stand: 6. 5. 2020).

2. Die Regeln einer *Wikipedia*-Sprachgemeinschaft werden von einer Elite bestimmt, die sich aus besonders aktiven Editorinnen und Editoren zusammensetzt. In dieser Hierarchie sind bestimmte Gruppen wie etwa Frauen massiv untervertreten, was dazu führt, dass das in der deutschsprachigen *Wikipedia* abgebildete Wissen verzerrt ist.[118]

Das Wiki-Prinzip, so lässt sich bilanzieren, ist als Sammlung und Darstellung von Wissen abhängig von den Menschen, die ihr Wissen im jeweiligen Wiki hinterlegt haben.

Schreibdidaktisches Potenzial

Die Idee, Schülerinnen und Schüler *Wikipedia*-Einträge überarbeiten und erstellen zu lassen, ist didaktisch sehr plausibel, wie Hofer und Kauffmann zeigen:

> »Die Schüler*innen sollen [...] den Mehrwert, aber auch die Grenzen dieser Enzyklopädie erkennen und fallweise einschätzen lernen. Und sie sollen befähigt werden, das erarbeitete Wissen auf die Nutzung jeder Netzressource zu übertragen und derart wichtige Schritte hin zu kritischen Nutzer*innen des Internets zu machen.«[119]

---

118 Im März 2019 fand etwa eine auch in den Massenmedien geführte Diskussion darüber statt, ob es eine Liste mit (weiblichen) Science-Fiction-Autorinnen auf der deutschsprachigen Wikipedia geben soll, vgl. Julian Dörr (2019): »Fremde Welten«, *www.sueddeutsche.de/kultur/frauen-im-netz-ferne-welten-1.4382027* (Stand: 6. 5. 2020). Mittlerweile existiert die Liste *de.wikipedia.org/wiki/Liste_deutschsprachiger_Science-Fiction-Autorinnen* (Stand: 6. 5. 2020).

119 Hofer/Kauffmann (s. Anm. 19), S. 66.

Wer einen *Wikipedia*-Artikel geschrieben hat, weiß, wie andere Artikel entstanden sind und kann sie korrekter einschätzen oder kritisch lesen. Das ist eine wichtige Begründung für die Arbeit mit der *Wikipedia* oder mit Wikis allgemein. Eine weitere liegt darin, dass das Wiki-Prinzip traditionelle Formen der Autorschaft komplett auflöst: Es lässt sich zwar in der Versionsgeschichte rekonstruieren, wer wann an einem Artikel geschrieben hat – letztlich entsteht aber ein Text, der nicht mehr einer Autorin oder mehreren Autoren zugeordnet werden kann. Der Text entwickelt sich unabhängig von bestimmten Personen. Wikis sind eine radikale Form kollaborativer Schreibumgebungen. Beat Knaus schreibt über die Bedeutung von Wikis für den Deutschunterricht:

»So hat der eine Autor als alleiniger Schöpfer des Texts abgedankt; statt seiner bemächtigt sich ein namenloses Kollektiv der Urheberschaft, das sich fortlaufend erweitern und erneuern kann. Auch ist der Text grundsätzlich nie vollendet; vielmehr wird er immer weiter geschrieben, aktualisiert und vernetzt. Und schließlich ist das Lesen kein blindes Nachvollziehen eines abgeschlossenen Produkts mehr, sondern grundsätzlich der erste Schritt zu dessen Optimierung.«[120]

Wer in solchen Umgebungen schreibt, tut das im Bewusstsein, wirklich etwas zu einer Wissenssammlung beitragen zu können. Was geschrieben wird, muss stimmen und muss kritischen Überarbeitungen standhalten. Das Wiki-Prinzip macht das Mitmachen einfach, stellt aber auch harte Bedingungen: Was nicht korrekt und relevant ist, wird gelöscht oder berichtigt.

120 Beat Knaus (2013): »Wiki macht Schule. Der Einsatz von Wikis im gymnasialen Deutschunterricht«. In: Michele Notari / Beat Döbeli (Hrsg.): *Der Wiki-Weg des Lernens*. Bern: HEP, S. 117–131.

Entsprechend fordern Wikis auch dazu heraus, alles zu belegen, was behauptet wird. Das ist insbesondere als Vorbereitung auf wissenschaftliches Schreiben eine sinnvolle Übungsanlage.

Ein letzter Punkt zum schreibdidaktischen Wert von Wikis: In der Zusammenarbeit einer Wissensgemeinschaft entstehen nicht-lineare Texte. Niemand kann wissen, in welcher Reihenfolge Texte in Wikis gelesen werden. Gerade weil das Netz aus nicht-linearen Texten besteht und die damit verbundenen Kompetenzen größere Bedeutung erlangen werden,[121] können bedeutsame Schreiberfahrungen gesammelt werden. Wikis verlangen Texte, die an praktisch alle anderen Texte anschlussfähig sind und auf die weitere Lektüre jedes anderen Textes im Wiki vorbereiten.

Verlaufsplan einer Unterrichtseinheit

Bei der hier vorgeschlagenen Unterrichtseinheit geht es nicht darum, bei der großen *Wikipedia* mitzuschreiben, sondern im Unterricht ein eigenes Wiki zu erstellen. Das Thema, das mit einem Wiki bearbeitet wird, kann grundsätzlich dem Lehrplan entsprechend bestimmt werden. Ideal ist ein Thema, welches die Klasse länger beschäftigt und mehrere Artikel in verschiedenen Kategorien zulässt. Denkbar wäre etwa eine literaturgeschichtliche Epoche wie die Romantik, wo verschiedene Zentren und Kreise mit Autorinnen und Autoren, Themen, Werken, historischen Ereignissen etc. beschrieben werden können. Hier wird aber ein anderer Ansatz gewählt – aus einem einfachen Grund: Alle Einträge, die für ein Romantik-Wiki benötigt werden, gibt es auf der *Wikipedia*-Seite schon. Die Versuchung wäre für die Schülerinnen und Schüler groß, sich bei der

---

121 Vgl. Wampfler (s. Anm. 42), S. 29–40.

Recherche und der Strukturierung des Wissens auf diese Vorarbeiten zu stützen.

Der Themenvorschlag betrifft hier die eigene Schule. Niklaus Schatzmann hat beschrieben, wie eine Schule über Jahre ein Wiki betrieben hat, zu dem Lehrende wie Lernende beigetragen haben.[122] Ein solches Wiki kann auch aus dem hier vorgeschlagenen Projekt hervorgehen. Zunächst geht es nur darum, das relevante, aktuelle Wissen für neu eintretende Schülerinnen und Schüler zu sammeln. Die Klasse arbeitet dabei mit einem nicht-öffentlichen Wiki-Tool.

Stunde 1: Ein »Wikipedia«-Spiel und reden über Wikipedia

Ein beliebtes *Wikipedia*-Spiel geht so: Ein Zielartikel wird vorgegeben, z. B. derjenige der deutschen Fußballnationalmannschaft der Frauen. Nun erhalten die Schülerinnen und Schüler einen Startartikel, zum Beispiel »Friedrich Schiller«. Erlaubt ist nur, auf blau ausgezeichnete Links im Start-Artikel zu klicken. Wer mit den wenigsten Klicks am Ziel anlangt, gewinnt das Spiel.

Dieses Spiel ist die Ausgangslage, um über die Bedeutung und den Wert von *Wikipedia* zu sprechen, da die Schülerinnen und Schüler einen Eindruck der Vielfalt der Themen, die bei der *Wikipedia* abgespeichert sind, erlangt haben.

Stunde 2: Das Projekt vorstellen und erster Artikel

Die Lehrkraft erklärt, dass die Klasse selbst eine Art Mini-*Wikipedia* für die Schule verfasst. Dann stellt sie die gewählte Software vor und lässt die Klasse pro Person einen ersten Artikel schreiben, wobei sie das Thema jeweils vorgibt (als Themen eignen sich Gebäudenamen, Rituale, wichtige Personen etc.).

---

122 Niklaus Schatzmann (2013): »Wiki an einem Schweizer Gymnasium«. In: Michele Notari / Beat Döbeli (Hrsg.): *Der Wiki-Weg des Lernens*. Bern: HEP, S. 98–106.

Stunde 3: Brainstorming und Planung

Nach der ersten Schreibarbeit plant die Klasse gemeinsam den Verlauf des Projekts. Dazu sammelt sie erst einmal gruppenweise Ideen, was alles in dieses Wiki gehört und wie die Artikel vernetzt oder kategorisiert werden könnten.

So entsteht eine Sammlung, die an der Wandtafel oder an einer Pinnwand visualisiert wird (denkbar wäre auch ein *Padlet*- oder *Trello*-Dokument). Möglicherweise kann die Lehrkraft einige Kanban-Prinzipien einführen und ein entsprechendes Board generieren, mit dem die Klasse das Projekt planen kann (digital z. B. mit *cryptpad.fr* oder *Microsoft Teams*).[123]

> ### Trello (trello.com/de)
> - Online-Tool für die kollaborative Organisation von Projekten
> - nach Anmeldung kostenlose Nutzung in der Grundausstattung

Stunden 4 ff.: Schreibarbeit

Die Artikel werden geschrieben und überarbeitet. Auch Recherchearbeit muss in dieser Phase geleistet werden. Dabei arbeiten die Schülerinnen und Schüler in Gruppen, in denen sie sich gegenseitig unterstützen, Artikel durchlesen und verbessern.

Wichtig ist, dass es klare Checklisten gibt, mit denen fertige Texte geprüft werden können: Sind alle nötigen Begriffe verlinkt? Ist der Artikel so kurz wie möglich und so lang wie nötig? Gibt es eine Gliederung? Sind Bilder eingefügt?.

---

123 Vgl. etwa *de.wikipedia.org/wiki/Kanban-Tafel* (Stand: 6. 5. 2020).

Abschlussstunden: Feedback einer anderen Klasse
und von der Schulleitung

Sind die Gruppen fertig, wird eine andere Klasse gebeten, das Wiki systematisch zu lesen und Feedback zu geben. Auch die Schulleitung wird gebeten, dazu Stellung zu nehmen, wie die Schule das Wiki in Zukunft brauchen kann.

Erweiterung

Viele Schulen sind berechtigt, einen eigenen *Wikipedia*-Artikel zu erhalten. Im Anschluss an die Erstellung eines Schulwikis könnte dieser Eintrag angelegt oder gegebenenfalls überarbeitet werden.

Technische Umsetzung

Viele Schulen setzen digitale Lernmanagement-Systeme wie etwa *Moodle* ein, die bereits Wiki-Funktionen enthalten. Ist das der Fall, sollten diese Programme für Unterrichtseinheiten verwendet werden: Sie sind mit den Datenschutzvorgaben konform und für die Schülerinnen und Schüler leicht erreichbar.

Stellt die Schule kein Wiki-Tool zur Verfügung, gibt es kostenlose Alternativen im Netz. Diese müssen allerdings gehostet werden: Das heißt, die Programme werden auf einem Server installiert, um dann im Netz zur Verfügung zu stehen. Hosting ist technisch nicht so einfach: Unerfahrene Lehrkräfte sollten sich vom IT-Team der Schule beraten lassen. Für Unterrichtszwecke ist *DokuWiki* geeignet, weil die Wiki-Software einfach, übersichtlich und kostenlos ist. *MediaWiki* ist die Software, welche auch die *Wikipedia* nutzt – hier entstehen zwar Wiedererkennungseffekte, aber es gibt eine schwer zu überschauende Fülle an Optionen.

Im Netz gibt es auch bereits gehostete Wiki-Farms, also Seiten, auf denen sehr viele Wikis betrieben werden. Auf *fandom.com* gibt es sehr viele Fan-Wikis zu Computergames und Serien. Hier können Wikis erstellt werden, die nicht gehostet werden müssen. Allerdings platzieren die Anbieter auf diesen Wikis Werbung.

Beispiele

Beat Knaus dokumentiert in seinem Kapitel zu Wikis im Deutschunterricht zwei Projekte, die sich für den Einsatz von Wikis im Unterricht eignen.[124]

1. Als Deutschlehrer hat Knaus mit anderen Sprachlehrkräften ein »digitales Museum« auf einem Wiki erstellt. Die Klassen haben immer wieder ein Museum besucht und dort ein Kunstwerk ausgesucht, das sie auf dem Wiki in einer persönlichen Annäherung beschreiben. Die Klassen haben dafür einen kollaborativen Schreibprozess mit Peer-Feedback verwendet. Knaus kombiniert in diesem Beispiel – wie auch im nächsten verschiedene in diesem Band erwähnte Aspekte in Wiki-Schreibarrangements.

2. Das zweite Beispiel ist ein Lyrik-Lexikon. Im entsprechenden Wiki werden Gedichte publiziert, mit Informationen angereichert und in einem Wiki-Artikel beschrieben. Das Projekt wurde einige Jahr unter *lyrikonline.ch* auch öffentlich betrieben, ist aber mittlerweile eingestellt. Eine ähnliche Unterrichtsidee zur Arbeit mit Wikis wird in *Methoden für den Deutschunterricht* beschrieben, dort geht es um Kaschnitz' Hiroshima-Gedicht.[125]

---

124 Beat Knaus (s. Anm. 118), S. 126 f.
125 Jürgen Baurmann [u. a.] (2018): *Methoden im Deutschunterricht.*
     3. Aufl. Seelze: Kallmeyer Klett, S. 117.

Fazit: Ein Blick in die Zukunft des Schreibens

Im Buch *Writing on the Wall. Social Media – The First 2'000 Years* weist Tom Standage darauf hin, dass viele Kommunikationsformen, die mit Social Media aufgekommen sind, schon vor dem Zeitalter der Massenmedien existiert haben. Seine Argumente legen den Schluss nahe, dass die letzten rund 200 Jahre eine Ausnahme darstellen, in denen es zentralisierte Massenmedien gibt – während Social Media auch als Rückkehr zu den Wurzeln der Kommunikation gelesen werden kann: Menschen interagieren ohne zentrale Instanz miteinander. Was sie schreiben, lesen andere Menschen; diese verarbeiten und verbreiten das Geschriebene weiter. Standage schreibt:

> »Wie sich Social Media auch verändern mögen, etwas ist klar: Verschwinden werden sie nicht. Wie ich gezeigt habe, sind Social Media nicht neu. Es gibt sie seit Jahrhunderten. Blogs sind die neuen Flugblätter. Soziale Netzwerke sind die neuen Kaffeehäuser. [...] Die Wiedergeburt von Social Media markiert eine grundlegende Veränderung – und in vielerlei Hinsicht eine Rückkehr zu den Verhältnissen, wie sie einst waren.«[126]

Die Leitthemen dieser Einführung ins digitale Schreiben weisen auf diese Sichtweise hin: Kollaboration, prozessorientiertes und materialgestütztes Schreiben sind keine neuen Phänomene, sondern haben eine lange kulturgeschichtliche Tradition. Digitales Schreiben kann also Eigenschaften des Schreibprozesses wieder sichtbar machen, die in der Buch- und Schulkultur des 19. und 20. Jahrhunderts in Vergessenheit ge-

---

126 Tom Standage (2013): *Writing on the Wall. Social Media – The First 2'000 Years.* London [u. a.]: Bloomsbury, S. 242, übers. von Ph. W.

rieten. Doch gibt es drei Entwicklungen, die aktuell wahrscheinlich erscheinen und eines genaueren Kommentars bedürfen.

1. Die erste ist die Tendenz, schriftliche Sprache durch andere Formen der Kommunikation zu ersetzen. In Chats nehmen (animierte) Bilder und Sprachnachrichten zu; mobile Betriebssysteme bieten immer differenziertere und persönlichere Formen für emotionale Rückmeldungen ohne Text an. Auf iPhones kann etwa seit dem Sommer 2019 ein persönliches Emoji erstellt werden. Es gleicht der Person, die es verschickt, und kann ihre Mimik übernehmen, primär transportiert es Sprachnachrichten. Mit Axel Krommer könnte man hier von einer Rückkehr ins Paradigma der Oralität[127] sprechen, würde damit aber ausblenden, dass die Daten im Falle digitaler Kommunikation gespeichert und auch ausgewertet werden können. Das mag heute noch nicht deutlich erkennbar sein; in Chatverläufen können wir leicht nach schriftsprachlichen Wörtern suchen, aber nicht nach gesprochenen in Sprachnachrichten. In Zukunft dürfte das aber leicht möglich sein. Google und Microsoft bieten in ihrer Software bereits heute eine Reihe von *text-to-speech-* und *speech-to-text-*Werkzeuge an.

Medial treten also Mündlichkeit, Schriftlichkeit und visuelle Kommunikation nebeneinander – und auch in Konkurrenz zueinander. Wer sich schriftlich nicht besonders geschickt ausdrücken kann, findet im Alltag Mittel und Wege, Schreibaufgaben aus dem Weg zu gehen. Wenn im Zeitalter digitaler Kommunikation intensiv über die Frage gestritten wird, ob Kinder lernen sollen, von Hand zu schreiben, dann stellt sich bereits die radikalere Frage: Müssen überhaupt alle Kinder

---

127 Axel Krommer (2019): »Paradigmen und palliative Didaktik«. In: A. K. [u. a.] (Hrsg.): *Routenplaner #digitaleBildung.* Hamburg: ZLL21, S. 81–100, hier S. 86 f.

schreiben lernen? Die Antwort auf diese Fragen hängen immer von Haltungen und Prognosen über die zukünftige Entwicklung ab. Aktuell scheint es angebracht, verschiedene Formen des digitalen Schreibens praktisch kennen zu lernen.

2. Das führt zur zweiten Entwicklung: Digitale Textsorten wandeln sich rapide. Ein Beispiel mag das verdeutlichen: 2013 habe ich mit Klassen intensiv die Textsorte Listicle analysiert und entsprechende Texte geschrieben.[128] Listicles sind Texte in Listenform, die sich als journalistische Textsorte mit dem Aufkommen von *Buzzfeed* hoher Popularität erfreut haben, heute aber kaum noch genutzt werden. Viele Text-Strukturen und Medien-Kombinationen werden so kurzfristig im Netz aufkommen – und schnell wieder verschwinden. Digitales Schreiben in der Schule muss darauf vorbereiten, Muster erkennen und analysieren, vielleicht auch imitieren zu können, aber damit zu rechnen, dass die Muster wieder verschwinden. Damit unterscheidet sich digitales Schreiben vom journalistischen Schreiben im Zeitalter der schriftsprachlichen Massenmedien, wo bestimmte Textsorten als stabil galten und deshalb auch im Unterricht während Jahrzehnten fester Gegenstand waren. Digitales Schreiben kann sich nicht an stabilen Vorgaben orientieren, sondern muss experimentell Medienkompetenz vermitteln, indem Lernende schreibend neue Formen erproben und entwickeln.

3. Das ist auch deshalb nötig, weil mit programmierten Bots auch Maschinen mitzuschreiben beginnen. Das geschieht oft unbemerkt: Besonders Laien können etwa bei Blogkommentaren auf den ersten Blick nicht erkennen, ob der Text von einem Programm oder einer Person hinterlassen wurde.

---

128 Philippe Wampfler (2013): »Listicles im Deutschunterricht«, *schulesocialmedia.com/2013/12/17/listicles-im-deutschunterricht* (Stand: 6. 5. 2020).

Auf Twitter gibt es eine Reihe von Bots, die als kritisch-künstlerische Experimente verstanden werden können. Marie Kilg programmiert solche Bots, darunter @robotius. Der Account veröffentlicht »Reportage-Ideen«, die aus erstaunlichen Nachrichten und Themen von spektakulären Reportagen zusammengesetzt werden. So entstehen Themenformulierungen, die natürlich keine sinnvollen Ideen für Reportagen enthalten – das Projekt zeigt vielmehr, dass der Reportage-Journalismus anfällig für Übertreibungen und extreme Geschichten ist.

Kathrin Passig hat nach der Kontroverse um das *Avenidas*-Gedicht von Eugen Gomringer, das 2018 von der Fassade der Alice-Salomon-Hochschule in Berlin entfernt wurde, einen Bot gebaut, der automatisiert Gedichte im Stil von Gomringers Gedicht verfasst. Der Bot greift auf vorgegebene Wortlisten zu. Erklärend schreibt Passig dazu:

»Selbst wenn keine menschliche Auswahl im Spiel ist [...], stecken ja immer noch eine ganze Menge menschlicher Entscheidungen im Code. Ross Goodwin, ein Entwickler von wesentlich aufwändigeren generierten Texten, hat darauf in einem Blogbeitrag hingewiesen: ›Wenn wir Computern das Schreiben beibringen, dann ersetzen uns diese Computer genauso wenig, wie das Klavier den Pianisten ersetzt – sie werden gewissermaßen zu unseren Schreibwerkzeugen, und wir werden dadurch mehr als Autoren. Wir werden zu den Autoren anderer Autoren.‹ Eine Diskussion über die Abwesenheit der Autorin in generierten Texten lohnt sich nicht. Die Autorin ist immer zu Hause.«[129]

---

129 Kathrin Passig (s. Anm. 48), S. 42. Den zitierten Blogpost hat Passig übersetzt, das Original findet sich unter *medium.com/*

Reportage-Ideen @ROB0TIUS · 10. Okt.
Eine Reportage über eine Gefängnisinsel in Belgien, wo ein Kino nur einen einzigen Film zeigt: Jurassic Park.

Reportage-Ideen @ROB0TIUS · 10. Okt.
Eine Meldung und ihre Geschichte: Wie eine FBI-Frau im Internet einen Pizzabäcker suchte. Und fand. Auf einem Schild am Ortseingang steht: Rednecks keep out!.

Reportage-Ideen @ROB0TIUS · 9. Okt.
Eine Reportage über die angeblich erste Friseurin in Hollywood, die an einem Nierenleiden erkrankt ist.

Reportage-Ideen @ROB0TIUS · 9. Okt.
Eine Meldung und ihre Geschichte: Ein weißer Steuerberater kollabiert auf einer Demo gegen Syrer – und wird von einem Schwarzen gerettet. Im Kino am Stadtrand läuft seit Jahren Casablanca.

Abb. 11: *twitter.com/robotius*, Twitter-Bot von Marie Kilg. – © Marie Kilg

Passig ordnet Bots in eine Evolution der Schreibwerkzeuge ein. Diese Evolution ist nicht folgenlos, sondern wird weitere Verschiebungen für die Kulturtechnik Schreiben bewirken, weil Medien keine reinen Instrumente sind, sondern Praktiken, Wahrnehmungen und Ausdrucksweisen prägen. Schreiben wird also – verstanden als das Verfassen schriftsprachlicher Texte – in einer Kultur der Digitalität neben anderen Ausdrucks- und Kommunikationsformen den singulären Status einbüßen, den es in der Buchdruckkultur hatte. Gleichwohl

artists-and-machine-intelligence/adventures-in-narrated-reality-6516ff395ba3 (Stand: 6. 5. 2020).

werden sich Textsorten und Schreibwerkzeuge durch digitale Technologie ständig entwickeln und wandeln.

Schreiben zu lernen bleibt eine zentrale Kompetenz, auch in der Kultur der Digitalität. Dem Deutsch- (und Fremdsprachen-)Unterricht kommt die Aufgabe zu, diese Kompetenz so auszubilden, dass Schülerinnen und Schüler sich auch in digitalen Kontexten präzise ausdrücken können und die erwähnte Entwicklung von Texten und Schreibwerkzeugen nicht einfach hinnehmen müssen, sondern sie aktiv mitgestalten können.

Zum Autor

PHILIPPE WAMPFLER, geb. 1977, Deutschlehrer und Dozent für Fachdidaktik Deutsch an der Universität Zürich, Buch- und Blogautor (*schulesocialmedia.com*). Übersicht über seine Projekte unter: *phwa.ch*. Bei Reclam bereits erschienen: *Macht im Netz* (Texte und Materialien für den Unterricht), 2019. Außerdem: *Digitaler Deutschunterricht*, 2017.

Der Verlag Philipp Reclam jun. dankt für die Nachdruck- und Reproduktionsgenehmigung den Rechteinhabern, die durch den Bildnachweis und einen folgenden Genehmigungs- oder Copyrightvermerk bezeichnet sind. In einigen Fällen waren die Rechteinhaber nicht festzustellen. Hier ist der Verlag bereit, nach Anforderung rechtmäßige Ansprüche abzugelten.